Über das Buch

Thomas Galli erzählt von seiner Arbeit als Gefängnisleiter und zeichnet präzise Verbrechen und innere Konflikte von besonders auffälligen Häftlingen nach. Vor allem die aussichtslosen Fälle blieben ihm in Erinnerung – die unverbesserlichen und hemmungslosen, die süchtigen und die resignierten Täter. Er schildert auch Situationen, in denen das Justizpersonal überfordert war: Gewalt, Geiselnahmen, Verführungsversuche.
Durch seine Erfahrung und Fachkenntnis gelingt es dem Autor, ein differenziertes Bild des deutschen Strafvollzugs zu zeichnen und die schwierige Aufgabe der Justizbeamten zu vermitteln, gleichzeitig öffentliche Sicherheit, Persönlichkeitsrechte der Gefangenen und Resozialisierung zu gewährleisten.

Über den Autor

Thomas Galli, geboren 1973, studierte Rechtswissenschaften, Kriminologie und Psychologie und arbeitet seit über fünfzehn Jahren im Strafvollzug. Seit 2013 ist er Leiter der JVA Zeithain. Daneben beschäftigt sich Galli auch wissenschaftlich mit kriminologischen Fragestellungen, ist Lehrbeauftragter u. a. für Strafrecht und Psychologie und Autor zahlreicher Artikel zum Strafvollzug.

Thomas Galli

Die Schwere der Schuld

Ein Gefängnisdirektor erzählt

Das Neue Berlin

Inhalt

Vorbemerkung

Dieses Buch erzählt von den biografischen Hintergründen, von den Straftaten und dem Leben von Gefängnisinsassen.

Seit fünfzehn Jahren arbeite ich »im Knast« – das ist eine Zeitspanne, nach der ein zu lebenslanger Freiheitsstrafe Verurteilter zur Bewährung entlassen werden kann.

Nach dreizehn Jahren in den bayerischen Justizvollzugsanstalten Amberg und Straubing wurde ich Leiter der JVA Zeithain und zeitweilig zusätzlich Leiter der JVA Torgau in Sachsen. In diesen fünfzehn Jahren habe ich vieles erlebt. Häufig Monotonie und bürokratischen Irrsinn. Auch einige Erfolgserlebnisse mit dem Gefühl, etwas in eine sinnvolle Richtung zu bewegen. Und schreckliche Ereignisse wie die Suizide von Gefangenen, den Machtkampf in der knastinternen Russenmafia oder die Geiselnahme und Vergewaltigung einer Therapeutin. So schlimm allerdings jeder Einzelfall für die Betroffenen ist, rein statistisch betrachtet ist die Tätigkeit im Strafvollzug nicht außergewöhnlich gefährlich. Die allermeisten Inhaftierten verhalten sich gegenüber uns Bediensteten höflich, anständig und den Regeln entsprechend. Angesichts der schwierigen Lebensumstände im Gefängnis und der vielen kleinen und großen Ungerechtigkeiten, denen die Gefangenen weit mehr als die Menschen in Freiheit tagtäglich ausgesetzt sind, ist das beachtlich.

In diesen fünfzehn Jahren bin ich zu der Überzeugung gekommen, dass das Gefängnis eine überholte gesellschaftliche Institution ist. In ihr manifestiert sich eine ungerechte, unvernünftige und oft unmenschliche Verteilung der Schuld. Eine Institution allerdings, die nur mit erheblichen Kraftanstrengungen in etwas Sinnvollerem aufgelöst werden kann, denn das Gefängnis ist viel mehr als ein Gebäude mit hohen Steinmauern und Stacheldraht. Es ist ein über Jahrhunderte tief im gesamtgesellschaftlichen Bewusstsein verankertes Symbol. Ein Symbol für Sicherheit. Ein Symbol für Rechtsstaatlichkeit. Und es ist, und vielleicht ist das sein stärkster Grundpfeiler, ein ehernes Symbol der Unterscheidung zwischen Gut und Böse. Drinnen stecken die Bösen, und draußen die Guten. Damit noch nicht genug, denn weil wir so gut sind, tun wir sogar alles dafür, die Bösen auch wieder zu Guten zu machen!

Es steht also für so vieles, unser Gefängnis. Warum kann, warum sollte man es dann nicht so lassen, wie es ist?

Die Geschichten in diesem Buch sollen einen Beitrag dazu leisten, auf spannende und interessante Art und Weise das Wissen über Gefangene und das Gefängnis, der totalsten Institution unserer Zeit, zu erweitern und es damit auf den Prüfstand der Vernunft zu stellen.

Die neun Geschichten sind authentisch, so authentisch sie bei der Beachtung von Persönlichkeitsrechten nur sein können. Ähnlichkeiten mit lebenden oder toten Personen sind nicht beabsichtigt. Anders ist dies bei den Schilderungen der Geschehnisse und der Strukturen des Gefängnisses.

Thomas Galli

Es schnürt einem die Luft zum Leben ab …

I.

Thalers Händedruck war erstaunlich angenehm. Sanft und zurückhaltend. Er sprach mit leichtem schweizerischen Dialekt und ruhiger, freundlicher Stimme. Auch konnte er, was wohl kaum einer von ihm erwartet hätte, zuhören. Scheinbar im Widerspruch zu seinem Auftreten stand sein Äußeres: aufgepumpt muskulös, knasttätowiert, glattrasierter Schädel, vernarbtes Gesicht. Er war Ende dreißig, hätte aber zwischen Ende zwanzig und Mitte fünfzig alles sein können. Seit über fünfzehn Jahren war er nun in Haft.

Trotz seines Äußeren wirkte er nicht furchterregend. Furchterregend waren allerdings seinen Straftaten:

mehrfacher Mord, Geiselnahme und Vergewaltigung. Zusammen mit drei Kumpanen hatte er eine Bank überfallen. Alle hatten geladene Pistolen bei sich, der Überfall endete in einer furchtbaren Katastrophe. Die Polizei war schneller als erwartet zur Stelle und umstellte die Bank. Mit vier Geiseln, einer Frau und drei Männern, gelang Thaler und seinen Partnern die Flucht in einem gestohlenen VW-Bus. Nach einigen Stunden Verfolgungsjagd bekamen sie, vollgepumpt mit Drogen und Adrenalin, quälenden Durst. Sie steuerten, immer im Visier der Scharfschützen der Polizei, die auf einen besseren Moment für den Zugriff warteten, eine Dorfkneipe an. Eine von diesen Kneipen, die mit ihrem Geruch von Bier und kaltem Rauch und den Stühlen, die nicht zueinander und nicht zu den Tischen passen, nur noch die allernötigsten Anstrengungen unternehmen, um dem Trinken und dem Totschlagen der Zeit einen letzten bürgerlichen Rahmen zu geben. Zu dieser Zeit, am frühen Nachmittag, standen einige Männer an der Bar und unterhielten sich mit der Bedienung hinter dem Tresen. Ein älterer Gast hatte seinen Barhocker vor einer der Glücksspielmaschinen platziert und saß dort mit seinem Bier. Alles wäre wohl wahrscheinlicher gewesen, als auf einmal im Zentrum einer bewaffneten Geiselnahme zu stehen und von dutzenden Spezialkräften der Polizei umringt zu sein. Aber genau das passierte. Die Polizei wartete immer noch auf die beste Möglichkeit zum Zugriff und positionierte sich um das Gebäude herum. Die Geiselnehmer tranken einige Bier und tauschten ihre drei männlichen Geiseln gegen männliche Kneipengäste aus.

Dann das, bei allem Schrecken des Geschehens, Unfassbarste: Nach einigen Gläsern Bier nehmen Thaler und seine Kompagnons die Geiseln mit in ein Nebenzimmer. Während einer die drei völlig verängstigten männlichen Geiseln mit der Pistole in Schach hält, vergewaltigen die anderen, vor den Augen aller, die weibliche Geisel. Thaler zuerst. Einmal, kurze Pause, noch einmal, schließlich ein drittes Mal. Sie schreit, sie fleht, sie wimmert, dann lässt sie es nur noch stumm über sich ergehen. Dann die anderen. Auch sie mehrfach.

Die Frau, eine Bankangestellte, Mitte zwanzig, frisch verheiratet, wird später im Prozess aussagen, jede Minute ihres Lebens sei seit diesem Tag eine Qual. Geschieden und in Frührente führt sie ein Leben zwischen Psychiatrie und heimischer Trostlosigkeit. Der Richter wird ihr nach ihrer Aussage, ihre einzige Hoffnung sei, dass sie irgendwann die Kraft habe, sich umzubringen, wünschen, dass es ihr gelänge, die Wut gegen sich selbst in Richtung der Täter zu lenken. Grund genug übrigens für die Anwälte, den Richter wegen Befangenheit abzulehnen.

Wenn Thaler später im Gefängnis über sein Leben und seine Straftaten sprach, dann war insbesondere bei dem, was er der jungen Frau angetan hatte, zu spüren, wie stark ihm bewusst war, dass dies nie gutgemacht und geheilt werden konnte. Es gehört zum Unausweichlichen unserer Existenz, dass der Mensch alles Unheil, nicht aber alles Heil in die Welt bringen kann. Thaler und die junge Bankangestellte mussten mit dieser schwersten aller Erkenntnisse leben.

Beim Verlassen der Kneipe dann der Zugriff der Polizei. Einer von Thalers Kumpanen wird von mehreren Kugeln getroffen. Er schießt zurück und verwundet zwei Polizisten. Eine Geisel stirbt im Kugelhagel. Auch Thaler schießt, auch er trifft mehrere Polizisten, und auch er wird angeschossen und schwer verletzt. Drei Polizisten, junge Familienväter, sterben. Anders als einer seiner

Partner überlebt Thaler und wird als Mittäter für die Tötungen verantwortlich gemacht.

Er wird zu einer lebenslangen Freiheitsstrafe verurteilt. Das bedeutet in Deutschland auch grundsätzlich den Entzug der Freiheit bis zum Lebensende, allerdings mit der Möglichkeit, dass die Strafe frühestens nach fünfzehn Jahren zur Bewährung ausgesetzt werden kann. Die meisten »Lebenslänglichen« werden nach etwa zwanzig Jahren aus der Haft entlassen. Das Gericht hat aber auch die Option, im Urteil eine besondere Schwere der Schuld festzustellen – mit der Folge, dass der Betroffene nicht vor Ablauf eines festgelegten Zeitraumes entlassen werden darf. Bei Thaler betrug dieser Zeitraum siebenunddreißig Jahre. Es gab allerdings keine Garantie, dass er danach entlassen werden konnte, das hing auch davon ab, inwieweit das Gericht dies im Hinblick auf die Sicherheit der Allgemeinheit für verantwortbar hielt. Sicher war nur eines: Vor Ablauf dieser siebenunddreißig Jahre hatte er keine Chance auf eine Entlassung.

Und diese Zeit musste man erst einmal herumbringen!

Ein bloßes Wegsperren darf es nicht geben, das wäre ein Verstoß gegen das Grundrecht der Menschenwürde. Das Bundesverfassungsgericht fordert, dass jeder Straftäter die Chance haben muss, wieder in Freiheit zu kommen, wofür er im Gefängnis entsprechend behandelt und resozialisiert werden muss. Bei jemandem, der so viele Jahre Haft vor sich hat, fällt es allerdings schwer, diese Zeit sinnvoll zu gestalten. Ein nicht vorhandener Schulabschluss oder eine Ausbildung können in Haft nachgeholt werden. Aber dann, was dann? Hin und wieder kommt die Teilnahme an speziellen Angeboten der Anstalt in Betracht. Beispielsweise an einem

Seminar über gesunde Ernährung oder einem Yoga-Kurs. Aber eine richtiggehende Therapie zur Behandlung einer Gewalt- oder Sexualproblematik macht erst zum Ende der Haft hin Sinn. Soweit man einen solchen Sinn angesichts der Tatsache, dass es kaum überzeugende wissenschaftliche Daten für die Wirksamkeit solcher Therapien gibt, grundsätzlich anerkennen will.

Zu Beginn der Haft, und von da an mindestens einmal jährlich, bei schweren Sexual- oder Gewaltstraftätern auch halbjährlich, muss ein Vollzugsplan aufgestellt, aktualisiert und fortgeschrieben werden. Alle mit der Behandlung des Gefangenen befassten Bediensteten, also die uniformierten Beamten des allgemeinen Vollzugsdienstes, Sozialarbeiter, Psychologen, Pfarrer, Juristen und Ärzte, müssen in Abstimmung mit dem Gefangenen auf mehreren Seiten festlegen, wie es mit ihm weitergehen soll. Der Gesetzgeber hat sich bei der Vollzugsplanung offenbar zwei vernünftige Parteien vorgestellt, die in sinnvoller Art und Weise ihre gemeinsame Zukunft gestalten. Wie ein Ehepaar. Dann und dann wird ein Haus gekauft, dann und dann kommt das erste Kind, dann das zweite Kind, ab dann arbeitet die Frau so und so viele Stunden und der Mann so und so viele und so weiter. In der Haftzeit sind allerdings die Grenzen, innerhalb derer überhaupt etwas von den beiden Parteien geplant werden kann, juristisch und faktisch eng gesteckt. Nehmen wir an, die Anstalt und auch der Gefangene selbst sind der Meinung, er habe ein Problem mit seiner Impulskontrolle und dieses habe auch in erster Linie zu seiner Straffälligkeit geführt. Ansonsten sei er sozial gut eingebunden, verheiratet, berufstätig und so weiter. Im Rahmen einer freiwilligen therapeutischen Maßnahme, die, sagen wir, ein Jahr dauern würde, könnte man die Impulskontrolle mit guter Aussicht auf Erfolg deutlich verbessern. So weit, so gut. Allerdings hätte diese Maßnahme besonders dann Aussicht auf Erfolg, wenn sie ambulant durchgeführt würde, der Teilnehmer also außerhalb der therapeutischen Einheiten in seinen normalen Alltag eingebunden wäre. Nehmen wir jedoch an, der Gefangene hätte noch sieben Jahre zu verbüßen. Das würde also bedeuten, dass ein im Sinne einer Resozialisierung vernünftiges Vorgehen, nämlich eine Entlassung des Gefangenen und eine ambulante Therapie, unmöglich ist, da der Staat nicht bereit ist, auf seinen Vergeltungsanspruch in Form einer in ihrer Länge definierten Freiheitsstrafe zu verzichten beziehungsweise diesen so weit zu modifizieren, dass einer möglichen Resozialisierung Vorrang gegenüber einer absoluten Sicherheit gegeben wird.

An diesem Beispiel wird auch gleich das zweite Dilemma deutlich, das eine Vollzugsplanung, wie sie sich der Gesetzgeber und das Bundesverfassungsgericht vorstellen, meist unmöglich macht. Dieses Dilemma besteht in den unterschiedlichen Zielen von Anstalt und Gefangenem. Der Gefangene möchte so schnell wie möglich entlassen werden, die Anstalt möchte kein Sicherheitsrisiko in Kauf nehmen und muss dokumentieren, was sie dem Gefangenen alles an Therapie- und Behandlungsmaßnahmen angeboten hat. So wird die Vollzugsplanung in vielen Fällen zur Farce, allerdings zu einer sehr aufwendigen. Das Ganze muss bei ein paar hundert Gefangenen veranstaltet werden. Zwei Tage in der Woche sind wir so mit der Vollzugsplanung beschäftigt, wohlgemerkt allein mit der auf dem Papier, ohne dass inhaltlich irgendetwas passiert, das die positive Entwicklung der Inhaftierten fördert. Die Akten von langjährigen Inhaftierten nehmen so gigantische Ausmaße an.

Thaler war ein solcher Inhaftierter. Er saß nun vor mir in einem Besprechungszimmer der Justizvollzugsanstalt. In diesem Zimmer führte ich meine wöchentliche Sprechstunde mit den Gefangenen durch, die mit mir oder mit denen ich sprechen wollte. Der Raum hatte vergitterte Fenster, in der Mitte befanden sich ein grüner Behördentisch aus den siebziger Jahren und zwei sich gegenüberstehende abgewetzte Stühle. In seiner Kargheit wirkte er wie der hilflose Versuch, dem, was die Männer zu verbüßen hatten, den Anschein reiner Zweckmäßigkeit zu geben.

Ich hatte Thaler zum Gespräch gebeten. Er wurde von einem uniformierten Beamten gebracht, der auch mit im Raum blieb. Das wurde generell so gehandhabt, weniger zum Schutz vor möglichen Übergriffen durch Gefangene, sondern eher, um das dort Besprochene und nicht Besprochene im Streitfalle bezeugen zu können. Nur in seltenen Ausnahmefällen wurden die Gefangenen mit Handschellen gefesselt vorgeführt, etwa wenn die konkrete Gefahr bestand, dass sie gewalttätig würden. Bei Thaler war das nicht der Fall. Ganz im Gegenteil, in den vielen Jahren seiner Haft hatte er sich nicht das Geringste zuschulden kommen lassen. Kein Konsum von Drogen oder Alkohol, keine Beleidigungen, nichts. Ich musste nun mit ihm sprechen, weil er jegliche psychotherapeutischen Behandlungsmaßnahmen verweigerte, die ihm in den Vollzugsplänen nahegelegt worden waren.

Seit jeher wird in und mit den Gefängnissen versucht, aus Straftätern rechtstreue Bürger zu machen. Die meisten personellen und sonstigen Ressourcen werden dabei auf diejenigen verwandt, welche die schlimmsten Straftaten begangen haben. Ursprünglich wurden vor allem für Sexualstraftäter umfangreiche Behandlungsprogramme entworfen, später auch für Gewalttäter. Das waren die politisch brisanten Fälle. Fast jeder, auch der schlimmste Gewaltverbrecher, wird schließlich irgendwann entlassen. Wie viel Erfolg das Gefängnis und seine Behandlungsmethoden bei der Reduzierung der Gefährlichkeit haben, wird dabei jedoch kaum hinterfragt.

Im Strafvollzug waren wir gehalten, nicht nur Behandlungsmaßnahmen anzubieten, sondern die entsprechenden Gefangenen auch regelmäßig zu einer Teilnahme zu motivieren und diese »Gespräche« – faktisch waren es eher Belehrungen – schriftlich zu dokumentieren. Ein Psychologe in der mit über achthundert Gefangenen belegten Anstalt war fast ausschließlich mit diesen Motivationsgesprächen beschäftigt und musste sich auch selbst regelmäßig in der Motivationskunst schulen und weiterbilden lassen. Zu erfolgreich durfte er allerdings auch nicht sein, denn es standen nicht für alle Gefangenen ausreichend Therapieplätze zur Verfügung. Insbesondere wenn es darum ging, ob eine lebenslange Freiheitsstrafe zur Bewährung ausgesetzt werden konnte oder auch, ob eine Sicherungsverwahrung (weiter) vollzogen werden musste, ging es neben der Einschätzung einer fortbestehenden Gefährlichkeit des Betroffenen um eine Abwägung: Hat der Gefangene alles Zumutbare getan, seine Gefährlichkeit zu reduzieren, und hat die Anstalt dafür ihrerseits alles Zumutbare unternommen?

Thaler konnte ironisch, auch selbstironisch sein, eine Eigenschaft, die ihn von den meisten Inhaftierten und Gefängnisbediensteten unterschied. Kein Wunder, setzt dies doch Reflexion voraus, und das System Gefängnis ist genauso unreflektiert wie viele der Straftaten seiner Insassen.

»Die Würde des Menschen ist unantastbar? Ich hab die Würde der Menschen, die ich umgebracht und vergewaltigt hab, möglicherweise doch etwas angetastet. Und was das mit meiner Würde zu tun haben soll, jahrzehntelang weggesperrt zu sein und dauertherapiert zu werden, um dann kurz vor meinem Tod die grenzenlose Freiheit eines Altersheimes genießen zu dürfen, ist mir ein Rätsel. Da geht es wohl eher um euch, nicht um mich. Ihr wollt das Gefühl haben, menschenwürdig zu handeln. Um den Menschen, den ihr behandelt, geht es euch dabei nicht wirklich. Meine Würde kann doch eigentlich nur ich definieren, nicht ihr! Ihr nehmt mich doch genauso als Geisel, wie ich dies mit anderen getan habe. Ich stehe dazu, dass es schlecht und unmenschlich war, was ich gemacht habe. Ihr verkauft das, was ihr tut, dagegen noch als menschenwürdig! Die größte Würde des Menschen liegt doch in seinem Willen, in seinem eigenen, einzigartigen Willen. Deshalb habt ihr mich doch verurteilt. Weil ich meinen Willen über den meiner Opfer gestellt habe. Den Willen zu brechen oder zu stoppen, der darin besteht, anderen Schaden zuzufügen, das macht für mich Sinn. Aber meinen Willen, mich frei zu bewegen, mein Leben selbst zu gestalten, es so weit als möglich lebenswert zu machen, diesen Willen darf ich nicht ausleben. Was soll mir dann noch von meiner Würde bleiben? Meine Würde liegt ganz in eurem Ermessen. Das ist keine Würde. Das ist ein Gnadenbrot. Nein, ihr, der Staat, ihr stellt euren Willen über meinen. Und ihr tut so, als ginge es nicht anders, als müsstet ihr das tun. Aber ihr müsst es nicht, ihr wollt es. Diese verlogene Scheiße, das kotzt mich eigentlich am meisten an!«

Der »Supergau« für uns im Strafvollzug tritt dann ein, wenn ein Gericht einen Gefangenen mit der Begründung freilässt, er sei zwar noch sehr gefährlich, aber es sei von der Vollzugsanstalt versäumt worden, ihm ausreichend Möglichkeiten zu geben, an dieser Gefährlichkeit zu arbeiten. Daher also der ganze Aufwand mit immer neuen therapeutischen Angeboten und Motivationsmaßnahmen. Thaler, als mehrfacher Mörder, Geiselnehmer und Vergewaltiger, stand im Fokus aller rechtspolitischen Bemühungen, zumindest den Anschein aufrechtzuerhalten, man könne die Allgemeinheit vor jeder Gefahr schützen, ohne den Gefährlichen inhuman zu behandeln. Auf Thaler stürzten sich daher alle Vollzugsjuristen und Gefängnistherapeuten.

An den ersten, halbjährlichen Motivationsgesprächen hatte er noch teilgenommen und sich geduldig über das reichhaltige Behandlungsportfolio des Strafvollzuges informieren lassen. Nach einigen Jahren aber wurde es ihm zu bunt, und er verweigerte die Teilnahme an den Gesprächen.

Nun wurde ich, als Jurist, auf den Plan gerufen. Ich musste ihm eindringlich und vor allem aktenkundig vor Augen führen, welche juristischen Folgen es haben könnte, wenn er sich den ihm angebotenen Behandlungsmaßnahmen entziehen würde.

»Herr Thaler, warum nehmen Sie denn nicht mehr an den Motivationsgesprächen teil?«

Er lächelte verständnisvoll, fast etwas mitleidig. Ich hatte im Verlaufe des Gesprächs immer stärker das Gefühl, wir beide wussten, dass wir hier unfreiwillige Rollen in einem riesigem Theater ohne Zuschauer spielten.

»Na ja, was soll denn das bringen? Wissen Sie, ich bin jetzt seit über fünfzehn Jahren im Knast. Mit den meisten anderen Gefangenen will ich nichts zu tun haben, das ist irgendwie nicht meine Wellenlänge. Besuch von draußen hab ich seit Jahren nicht bekommen. Aber bei euch, ich meine, bei Ihnen, den Beamten, da gibt es einige wirklich tolle Leute! Das sind meine sozialen Kontakte, verstehen Sie?«

»Noch nicht so ganz.«

»Na ja, ich will Sie, ich will die Beamten hier ernst nehmen, und ich will von ihnen ernst genommen werden. Was soll denn eine Therapie bei mir? Ich habe eine Mindestverbüßung von 37 Jahren, das sind jetzt noch über zwanzig Jahre. Und glauben Sie im Ernst, dann würde mich jemand entlassen, nur weil ich irgendwelche Gesprächsgruppen mitgemacht habe? Wo ich dann lerne, angemessen mit meiner Wut, meinen Aggressionen umzugehen? Jemanden nicht unterbrechen, wenn er spricht, keine Negativmitteilungen in der Kommunikation verwenden, mit Ich-Botschaften arbeiten und der ganze Mist? Ich hab drei Polizisten erschossen, das Leben einer Frau zerstört. Man kann nicht lernen, so etwas zu tun, und man kann auch nicht lernen, so etwas nicht wieder zu tun. Verstehen Sie? Das ist so unmenschlich. Das kann man nie verstehen. Wenn, dann müsste doch ich es verstehen, oder? Ich hab es schließlich getan. Aber ich kann's nicht verstehen, und ich werd's nie verstehen. Es ergibt einfach keinen Sinn. Es war ein einziger Rausch. Oft träum ich davon. Gerade das mit der Frau …« Er musste mit den Tränen kämpfen, und das schien nicht gespielt. »Das kann man nie wiedergutmachen. Will man durch die Therapie erreichen, dass ich einsehe, was ich angerichtet habe? Mehr einsehen als jetzt kann ich es nicht, und selbst wenn, wer hätte was davon? Nein, Sie wissen so gut wie ich, das ganze Therapie-Theater ist reine Augenwischerei und höchstens eine Beschäftigungstherapie, für Sie und für uns. Und weil das hier drinnen mein Leben ist, ich habe ja sonst keines, will ich es ernst nehmen, so gut es eben geht. Dazu gehört, dass ich diesen Unfug nicht mitmache!«

Dem konnte ich nichts Vernünftiges entgegenhalten. Ich war, wie so oft, dankbar, mich in den schützenden Wald der Juristerei flüchten zu können. Ich belehrte ihn aktenkundig, dass er Gefahr laufe, in zwanzig Jahren nicht entlassen zu werden, wenn er keine Therapie absolviere.

II.

Thalers Lebenslauf war gerade in den so wichtigen ersten Jahren wie der der allermeisten Straftäter von Vernachlässigung, Gewalt und Missachtung seiner natürlichen Bedürfnisse geprägt. Seine Mutter, Gastwirtin in der Schweiz, wurde nach einer kurzen Beziehung mit einem Soldaten, den Thaler nie kennenlernen sollte, schwanger. Es folgten zahlreiche kurze Beziehungen und Liebschaften der alkoholkranken Frau, die mit dem kleinen Jungen in einer winzigen Wohnung neben der Gaststätte wohnte. Es ist nicht bekannt, ob Thaler auch sexuell missbraucht wurde, aber geschlagen wurde er. Von Anfang an. Von seiner Mutter, von deren Freunden, allesamt auf der Verliererseite des Lebens und immer darauf aus, ihren Frust ohne Risiko abreagieren zu können. Wobei diese Erklärung sicher zu einfach ist. Letztlich geht es allen Menschen in allem, was sie tun, auch darum, zu verstehen oder verstanden zu werden. Und wer sollte das Leid, den Schmerz und den Selbsthass der Mutter und ihrer Kneipenbekanntschaften verstehen? Es interessierte sich doch niemand wirklich für sie. So musste Thaler daran glauben, herhalten für all das, was seine Erzeugerin belastete. Das Jugendamt wurde mehrfach alarmiert, hat Thaler aber bei seiner Mutter belassen. Als er vier Jahre alt war, wurde er ihr endgültig zu viel. Er störte mit seinem Geschrei, seinem Bettnässen, seinen Problemen, seiner Anwesenheit. Er kam zu seiner Großmutter, die von einer kleinen Rente lebte und das Kindergeld gut brauchen konnte. Seine Mutter brach jeden Kontakt zu ihm ab. Am Anfang ging der Junge noch täglich in die Gaststätte. Immer wieder schickten ihn die Mutter oder einer ihrer Freunde zurück zur Großmutter. Irgendwann resignierte er. Später wird er einem psychologischen Gutachter erzählen, er träume heute noch fast täglich davon, wie er zur Mutter will, er rennt zur Gaststätte, will die Tür öffnen, doch sie geht nicht auf, er hämmert dagegen, er schreit, er fleht, er wimmert, doch sie öffnet sich nicht, diese riesige, schwarze Tür. Er will zurück, in die andere Richtung, doch da ist nichts, nur ein tiefer, tödlicher Abgrund. Später dann, schon in der Schule, wurde er immer aggressiver. Schlägereien, Beleidigungen der Lehrer, Schulschwänzen. Im Alter von zehn Jahren trank er bereits Alkohol und rauchte. Mit dreizehn oder vierzehn erste Drogen. Als die Großmutter starb, kam er in ein Heim. Auch hier machte er nur Probleme. Die Schule verließ er ohne Abschluss, eine Ausbildung hat er nie absolviert. Mit dem Diebstahl von Zigaretten, Alkohol und Süßigkeiten begann er mit zehn oder elf, später dann dealte er mit Drogen. Mit fünfzehn kam er zum ersten Mal hinter Gitter und verbrachte von da an nur noch wenige Monate in Freiheit.

Wenn ich dies alles in Thalers Akten las oder mit ihm darüber redete, musste ich mich immer wieder fragen: War es nicht logisch, dass es so kommen musste, wie es eben gekommen ist? War es nicht zwingend, dass Thaler irgendwann völlig durchdrehen und morden und vergewaltigen würde? War nicht gerade dies Ausdruck davon, dass auch er ein Mensch mit Gefühlen und Bedürfnissen war, wie jeder andere auch? Wir tun so, als seien Straftäter ein anderer Menschenschlag, aber sind sie oft nicht gerade deshalb straffällig geworden, weil sie normal sind und ganz normal auf die Umstände ihrer Sozialisation reagiert haben? Wäre die einzige andere Möglichkeit für Thaler nur die gewesen, schwer krank zu werden? Aber ein Mensch kann nicht zwischen den Alternativen wählen, selbst zu leiden oder andere leiden zu lassen. Oder doch? Und wäre dann nicht die Entscheidung selbst eine krankhafte? Das, was Thaler getan hatte, war ohne jeden Zweifel zutiefst schlecht und zutiefst böse. Ob man von Schuld reden kann? In einem naturwissenschaftlichen Sinne gibt es sie ohnehin nicht, die Schuld. Die Frage ist, ob wir sie als soziales Konstrukt brauchen.

Ich habe Thaler einmal gefragt, wie er zu seiner Tat stehe und ob er sich schuldig fühle. Mit den wenigsten Gefangenen konnte man über diese Fragen, die doch den Kern unseres Zusammentreffens im Gefängnis ausmachten, sprechen. Zum einen hat das juristische Gründe. Die Gefangenen wissen, dass ihnen alles irgendwann in irgendwelchen Stellungnahmen »aufs Brot« geschmiert würde, und zwar so, wie die Anstalt es brauchte, und nicht unbedingt so, wie der Gefangene es gemeint hatte. Wer also beispielsweise sagte, er denke nicht oft an die Tat, der konnte fast sicher sein, dass ihm irgendwann vorgehalten würde, er verdränge die Tat und setze sich nicht mit ihr und seiner Schuld auseinander. Wer wiederum angab, er denke täglich an sein Verbrechen, der könnte sich mit dem Vorwurf konfrontiert sehen, er hätte es noch nicht verarbeitet und sei daher weiter gefährlich. Manche Gefangene äußern sich dennoch zur Tat, und viele gestehen auch ohne Umschweife ein, dass sie Unrecht begangen haben. Einige bagatellisieren ihre Vergehen beziehungsweise weisen dem Opfer einen Teil der Verantwortung für die Tat zu. Nicht immer zu Unrecht, wie etwa die Fälle des »Tyrannenmords« zeigen, in denen Frauen ihre gewalttätigen Männer nach vielen Jahren Missbrauch umbringen. Auch bei Männern, die ihre Frauen umgebracht haben, gibt es derartige Konstellationen, sie sind nur schwerer zu erkennen beziehungsweise anzuerkennen. Selbstverständlich rechtfertigt das nicht solche Taten, aber es sind Beispiele dafür, dass eine alleinige Verortung der Ursachen für Straftaten beim Täter nicht in jedem Fall angemessen ist.

Mit Thaler konnte man gut über das Thema Schuld sprechen. Er suchte sie nicht bei anderen, fand sie aber auch nicht wirklich in sich. »Es tut mir weh, wenn ich an das denke, was ich getan habe. Aber schuldig? Es wird doch niemand mehr lebendig davon. Sich schuldig zu fühlen, hat vielleicht Sinn, wenn Sie etwas gestohlen haben. Dann können Sie es zurückbringen. Oder wenn Sie jemanden beleidigt haben, dann können Sie sich entschuldigen. Aber ich? Wenn es möglich wäre, wiedergutzumachen, was ich getan habe, würde ich es tun. Aber würde ich wirklich alles dafür tun? Ich weiß es nicht. Wenn ich mich schuldig fühle, dann nur, weil das meine letzte Verbindung zu den Menschen ist, weil ich weiß, Sie und alle anderen erwarten es von mir. Nicht, weil die Natur es mir vorgibt. Die, denen gegenüber ich mich wirklich schuldig fühlen könnte, sind entweder tot oder so verletzt, dass ihnen nichts, was ich täte, helfen könnte.« Das Böse und die Bösen sind oft genug simpel gestrickt. Er war es nicht. Irgendwie reagieren, irgendwie intervenieren musste man, sonst würde der Teufelskreis des Bösen nie durchbrochen werden. Thalers Fall allerdings führte einem wieder schmerzhaft vor Augen, dass das Konstrukt von Schuld und Vergeltung vielleicht eine Eindämmung, keinesfalls aber ein Durchbrechen dieses Teufelskreises bewirkte. Und in vielen anderen Fällen wurde die Spirale der Gewalt durch Schuld und Vergeltung, durch Strafe und Gefängnis erst eröffnet.

III.

Thaler blieb im Verlauf seiner Haft bei seiner Verweigerung, an therapeutischen Maßnahmen teilzunehmen. Er suchte aber immer öfter das Gespräch mit mir.

Als juristischer Abteilungsleiter musste ich auch federführend Entscheidungen darüber treffen, ob und unter welchen Bedingungen ein Gefangener während der Haft die Anstalt verlassen darf. Bei Kandidaten wie Thaler, die, falls während eines Ausganges etwas passieren sollte, zu einem politisch brisanten Fall würden, war das mit viel bürokratischem Aufwand verbunden. Es mussten zwei Gutachten externer psychiatrischer und psychologischer Sachverständiger eingeholt werden. Widersprachen sich diese Gutachten, was nicht selten vorkam, musste ein drittes eingeholt werden. Jedes kostete einige tausend Euro und dauerte einige Monate. Das nahm so groteske Ausmaße an, dass wir zu der Frage, ob die Länge des Ausganges bei einem bestimmten Inhaftierten von sechs auf acht Stunden erhöht werden könnte, ein Gutachten einholen mussten. Die Gutachter mussten einschätzen, ob und in welchem Ausmaß die Gefahr bestand, dass der Gefangene einen Ausgang zur Flucht oder zu Straftaten nützen könnte. Manche Gutachter legten die Gefahr bis auf zwei Stellen hinter dem Komma fest (»die Wahrscheinlichkeit der Begehung von Straftaten während eines Ausganges beträgt 11,62 Prozent«), andere sprachen von einer großen, einer mittleren oder einer geringen Gefahr. Manche Gutachten hatten einen Umfang von mehreren hundert Seiten, und bevor ganz zum Schluss die wesentliche Frage nach der Gefahr beantwortet wurde, kamen Leben, Leib und Seele des Probanden auf den Prüfstand. Wann wurde er eingeschult, wie verlief die früheste Kindheit, wann hatte er die erste Freundin, wie viel Alkohol oder Drogen hat er konsumiert, welche Sexualpraktiken hat er bevorzugt, wie oft onaniert, welchen IQ, welche Empathiefähigkeit und so weiter. Alles gut und schön, die wissenschaftliche Forschung zur Aussagekraft der Gefährlichkeitsprognosen, auf die es ja wesentlich ankam, deutet allerdings darauf hin, dass oft eine höhere »Trefferquote« erzielt werden könnte, wenn einfach eine Münze geworfen würde. Dass kaum ein Gutachter einem Gefangenen bescheinigt, dass von ihm keine Gefahr ausgeht, liegt auf der Hand. Und selbst wenn die Hürde der Begutachtungen genommen war, konnte dem Gefangenen noch kein Ausgang gewährt werden. Es mussten noch der Anstaltsleiter und das Justizministerium zustimmen. Man sagte, die Justizministerin behalte sich viele dieser Entscheidungen höchstpersönlich vor. Das alles dauerte viele Monate, manchmal sogar Jahre.

Thaler machte nun zunehmend Druck, er wollte unbedingt Ausgänge genehmigt bekommen. In seinem Fall war es jedoch völlig aussichtslos, es überhaupt zu versuchen. Kein Gutachter würde ihm bescheinigen, dass die von ihm ausgehende Gefahr vertretbar gering wäre.

»Ich bin nun bald zwanzig Jahre in Haft, ohne dass ich mir das Geringste habe zuschulden kommen lassen!

Was soll ich denn noch tun, um Ihnen zu beweisen, dass ich mich an Ihre Regeln halte?«

»Es kann sein, dass Sie davon überzeugt sind, Herr Thaler, und ich glaube Ihnen auch, dass Sie hier und jetzt davon überzeugt sind. Aber Sie wissen doch gar nicht, was draußen auf Sie zukommt! Irgendeine Situation, in der Sie unter Druck kommen, irgendein Mensch, der Sie aggressiv macht. Oder Sie trinken wieder Alkohol und verlieren die Kontrolle!«

Thaler lächelte leicht zynisch: »Sie wissen doch selbst, aggressive Menschen und schwierige Situationen gibt es wenn, dann hier drinnen, im Knast. Und dass ich hier jederzeit an Alkohol und Drogen herankomme, ist ja auch kein Geheimnis. Bitte, ich halte es hier nicht mehr aus, wenn ich nicht wenigstens ab und zu mal raus kann! Sie müssen sich das vorstellen, jeden Tag, jeden gottverdammten Tag, seit zwanzig Jahren die gleichen Gesichter, das gleiche Essen, der gleiche Tagesablauf. Alles wird einem vorgegeben wie einem kleinen Kind, aber einem ungeliebten Kind. Es ist so eng im Knast, und es wird mit jedem Tag enger. Es schnürt einem die Luft zum Leben ab. Langsam und grausam. Keine Bäume, keine grünen Wiesen und weite Felder, kein Biergarten, kein Kino, kein Restaurant, keine Frauen, keine Autos. Wissen Sie, wie lange ich so vieles nicht mehr spüren, riechen, hören, sehen, fühlen konnte? Den Rauch eines Lagerfeuers riechen, Kinder lachen hören, Angeln gehen oder einfach nur einen Fuß in den Fluss halten, ein Fußballspiel im Stadion erleben? Wem nützt denn das? Glauben Sie, der Frau, die ich vergewaltigt habe, oder den Kindern der Polizisten, die ich umgebracht habe?«

Ich musste ihm in vielen Dingen recht geben. Weder er noch ich hatten jedoch die Macht, dieses Recht auch durchzusetzen. »Ob es richtig oder falsch ist, sinnvoll oder nicht, darüber kann man trefflich streiten. Aber das Recht ist immer nur das Recht, das die Mächtigen in einer Gesellschaft geschaffen haben. Wollen wir hoffen, dass es in einer Demokratie die Mehrheit ist. Diese Mehrheit will keine Gefahr für sich in Kauf nehmen, und ich kann nur die Vorschriften der Mehrheit anwenden, ob ich sie für richtig halte oder nicht.«

Für Thaler wurde es auch deshalb immer wichtiger, Ausgang zu bekommen, weil seine Mutter per Brief mit ihm Kontakt aufgenommen hatte. Sie lebte, gezeichnet vom jahrzehntelangen Alkoholmissbrauch, in einem Pflegeheim und hatte irgendwie erfahren, dass und wo Thaler im Gefängnis saß. Thaler hatte mir einige ihrer Briefe gezeigt. Auf einmal war ihr offenbar bewusst geworden, dass sie ein Kind hatte. So war sie auf die Idee gekommen, dass sich dieses Kind um sie kümmern könnte. Ihre Briefe waren einzige Wehklagen, wie schlecht es ihr ginge, wie schön die ersten Kindheitsjahre von Thaler für sie gewesen seien und wie weh es ihr getan hätte, ihn weggeben zu müssen, aber das sei einzig zu seinem Wohle geschehen, weil sie so viel arbeiten musste. Thaler war nicht etwa wütend über die Verlogenheit und Selbstbezogenheit dieser Briefe. Nein, für ihn schien das die Bestätigung der immer ersehnten Mutterliebe zu sein. Er kannte ja nur Ablehnung und Missbrauch. Dagegen schien das Gefühl, gebraucht und zumindest in seiner Nützlichkeit gesehen und wahrgenommen zu werden, zu wirken wie ein erster leichter Sonnenstrahl nach einem eiskalten, dunklen, jahrzehntelangen Winter. Er freute sich, dieser riesige, muskulöse, tätowierte Kerl, sprichwörtlich wie ein kleines Kind! Und genauso kommunizierte die Mutter in den Briefen auch mit ihm, es las sich, als würde sie ein kleines Kind anschreiben. Oder so, wie ein Ratgeber einem empfehlen würde, ein Kind anzusprechen. Wenn die Mutter dann, was allerdings in keinem Ratgeber stehen würde, ein ums andere Mal über ihre gesundheitlichen und finanziellen Probleme schrieb und wortreich ausführte, wie sie mehr oder weniger kurz vorm Verhungern sei, dann berichtete er mir stolz, dass er ihr wieder 50 Euro von seinem in der Haft erarbeiteten Geld überwiesen hätte. Insgesamt hatte er pro Monat nur etwa 100 Euro zur Verfügung, um sich Zigaretten, Kaffee, Süßigkeiten oder Zeitschriften zu kaufen, das heißt, er überwies regelmäßig die Hälfte seines Gehaltes an seine Mutter. Es war erstaunlich, wie Thaler sich in der Beziehung zu ihr verhielt, war er doch ein reflektierter und tiefsinniger Mensch. Vielleicht war aber auch gerade dieses Verhalten Ausdruck von Reflexion, und Thaler wollte sich zumindest ein kleines Stück von dem holen, was eigentlich jeder Mensch zum Leben braucht. Offensichtlich kann nicht jede Kränkung, nicht jeder Verlust, nicht jeder Schmerz verarbeitet und zugunsten einer persönlichen Weiterentwicklung akzeptiert werden. Thaler sagte auch ganz offen, dass er in jeder Frau die Mutter sah, aber nicht die Mutter seiner Kinder, sondern seine eigene. Diese deutete nun auch immer stärker an, dass sie doch bald sterben werde, und wie sehr sie sich wünschte, ihn noch mal wiederzusehen. Selbst konnte sie ihn selbstverständlich nicht besuchen. Ihr angegriffener Gesundheitszustand und ihre knappe Kasse ließen das nicht zu, sie befand sich in einem Pflegeheim in der Schweiz. Grundsätzlich wäre in solchen Fällen in Betracht gekommen, einen Gefangenen gefesselt und mit Bewachung von Beamten auszuführen. Ins Ausland war dies aber aus juristischen Gründen fast unmöglich beziehungsweise mit einem so langem Vorlauf verbunden, dass bis dahin nicht nur Thalers Mutter, sondern wohl auch er selbst an Altersschwäche gestorben wäre. Thaler schrie, flehte, wimmerte, es half alles nichts. Ich sah keinen Weg, ihm zu ermöglichen, seine Mutter zu sehen, und litt mit ihm.

Eines Tages erhielten wir ein Fax von der Pflegeeinrichtung: Thalers Mutter sei gestorben. Wir wurden gebeten, ihm das mitzuteilen.

IV.

Die Zahl der Selbstmorde von Gefangenen ist erheblich höher als der Durchschnitt der Selbstmorde in Freiheit. Die Wissenschaft geht davon aus, dass dies nicht nur mit den oftmals besonderen Persönlichkeitsmerkmalen der Menschen zusammenhängt, die eine Freiheitsstrafe zu verbüßen haben, sondern ganz wesentlich mit der Haft an sich. Es wird daher von den Gefängnisverwaltungen mit allen Mitteln versucht, die Zahl der Suizide möglichst niedrig zu halten. Die häufigste Form des Selbstmordes in Haft ist das Erhängen. Dafür reicht schon ein Schuhband, ein Gürtel oder ein größeres Handtuch aus. Besonders gefährdete Fälle werden in einem kameraüberwachten Raum untergebracht und bekommen nur eine Unterhose aus Papier zur Bekleidung, da auch das Band einer herkömmlichen Unterhose ausreicht, sich innerhalb weniger Minuten zu erhängen.

In Thalers Fall hieß dies, dass ihm die traurige Nachricht vom Anstaltspfarrer und einer Psychologin eröffnet wurde, die dann aktenkundig vermerkten, dass er es gefasst aufgenommen habe und sie keine Selbstmordgefahr sähen. Ich sprach in der Folgezeit nur noch einmal mit Thaler. Er hatte seine Arbeit im Gefängnis niedergelegt. Ich wollte ihn animieren, doch weiterzumachen. Er machte keinen niedergeschlagenen Eindruck, gab aber an, sich künftig nur noch auf den Sport konzentrieren zu wollen. Auch sein Ziel, Ausgänge zu bekommen, gab er auf.

V.

Etwa ein Jahr später. Beim Aufschluss der Hafträume um sechs Uhr morgens wurde Thaler gefunden. Er hatte sich mit einer Bettdecke an den Fenstergittern erhängt. Ein letzter Akt der Vernunft?

Gefangen zwischen den Welten

I.

»Ich wollte einfach nicht abpissen!« Das war der längste Satz, den ich bisher von ihm zu hören bekommen hatte.

Waldemar Schumacher, ein junger Mann aus Sibirien, Anfang zwanzig, sprach nur gebrochen Deutsch und so leise in sich hinein, dass man schon sehr genau hinhören musste. Er roch noch Meter entfernt nach schalem Rauch, wie fast alle Gefangenen, die Tag für Tag, und vor allem Nacht für Nacht, in ihren kaum belüftbaren Hafträumen rauchten. Er trug die typische gräuliche, abgewetzte und vielfach geflickte Häftlingskleidung. Nur zum Sport durften die Gefangenen eigene Kleidung anziehen. Vielleicht wirkte er gerade deshalb so sympathisch, weil er eingeschüchtert und zurückhaltend auftrat. Er sah einem beim Sprechen nicht in die Augen und hielt die meiste Zeit über seinen Kopf gesenkt, als säße er vor einem hohen Gericht oder hätte dauernd Angst davor, geschlagen zu werden. In gewisser Weise traf das auch zu, zumindest was den Vergleich mit einem Gericht betrifft. Er saß vor mir im Rahmen eines Disziplinarverfahrens.

Zwei Tage in der Woche waren für die Disziplinierung von Gefangenen vorgesehen, die gegen Vorschriften verstoßen hatten. Das konnte das Nichtbefolgen einer Anordnung von Bediensteten, eine Schlägerei mit Mitgefangenen oder der Konsum von Alkohol oder Drogen sein. Es gab einen umfangreichen Kanon möglicher Disziplinarmaßnahmen, der vom Entzug der Einkaufsmöglichkeiten für Tabak oder Kaffee über die Aussetzung der Arbeit bis hin zum Arrest reichte.

Der Arrest, der etwa in Bayern immer noch als Disziplinarmaßnahme durchgeführt wird, ist eine Art verschärfte Einzelhaft für die Dauer von bis zu vier Wochen. Die Gefangenen werden in einem Haftraum ohne Fernseher und Radio untergebracht, als Lesestoff bekommen sie nur die Bibel oder ein anderes religiöses Grundlagenwerk ihrer Glaubensrichtung. Den Aufenthalt im Freien, der ihnen eine Stunde täglich zusteht, müssen sie getrennt von den anderen Gefangenen verbringen. Die übrigen 23 Stunden sind sie in dem Arrestraum eingesperrt.

Arrest wurde vor allem für den Konsum von Drogen in der Anstalt ausgesprochen. Die Drogen gelangten über ganz verschiedene Wege an die Gefangenen. In den unkontrollierbaren Körperöffnungen von Besuchern, über Gefangene, die Ausgang hatten, oder auch einfach in Tennisbälle eingearbeitet und über die Anstaltsmauer geworfen. Der Kampf gegen Drogen in der Anstalt glich einem Kampf gegen Windmühlen. Immer wenn ein Schmuggelweg aufgedeckt und versperrt worden war, wurden neue aufgemacht. Die meisten Gefangenen hatten schon vor ihrer Haft Drogen konsumiert, von den übrigen fingen viele in der Haft damit an.

Ein guter Teil unserer Arbeitskraft wurde in der Anstalt darauf verwendet, diesen Konsum und Handel von Drogen zu minimieren. Das glich nicht selten einem großen »Räuber-und-Gendarm-Spiel«. Drogenspürhunde kamen regelmäßig zum Einsatz. Hafträume wurden durchsucht, stundenlang, jedes noch so kleine mögliche Versteck. Gefangene, ihre Arbeitsplätze, Besucher, alle wurden ständig durchsucht. Manchmal nur durch Abtasten, manchmal auch verbunden mit Entkleidung. Wurde etwas gefunden, mussten ein Bericht gefertigt, eine Anzeige an die Staatsanwaltschaft geschickt und Disziplinar- und Sicherungsmaßnahmen ausgesprochen werden. Ein riesiger Aufwand, der nichts, aber auch gar nichts brachte, um dem eigentlichen Ziel des Strafvollzuges, der Reintegration des Straftäters in die Gesellschaft, näher zu kommen.

Der Wert und der Preis von Drogen im Gefängnis ist immens und um ein Vielfaches höher als »auf der Straße«. Ein lukratives Geschäft für die Hintermänner. Drogenhändler im Knast zu sein lohnt sich mehr, als Drogenhändler in Freiheit zu sein.

Die Gefangenen mussten beim Verdacht eines Konsums Urin zur Kontrolle auf Drogen abgeben. Wer sich weigerte, wurde behandelt, als hätte er Drogen konsumiert. Oft gaben die Gefangenen allerdings an, sie würden selbstverständlich Urin abgeben, hätten aber unter der unmittelbaren Aufsicht nicht gekonnt. Anders Herr Schumacher, der nun vor mir saß.

Die Disziplinarverfahren liefen ab wie kleine Gerichtsverfahren. Es gab, vergleichbar mit der Anklageschrift, die Anzeige eines Bediensteten. Der Gefangene wurde dann von mir im Rahmen einer Art Hauptverhandlung damit konfrontiert und konnte Stellung beziehen. Auch wurden Beweise erhoben, indem zum Beispiel Zeugen vernommen wurden. In geheimer Beratung wurde sodann die Disziplinarmaßnahme festgelegt und dem Gefangenen im Anschluss eröffnet.

»Warum haben Sie denn keinen Urin abgegeben, Herr Schumacher?«

Er antwortete so leise, dass man ihn kaum hören konnte, während er vor sich auf seine gefalteten Hände sah: »Ich mag das nicht, wenn jemand zuschaut.«

»Haben Sie denn irgendwelche Drogen konsumiert?«

Hier sah Schumacher kurz auf: »Nein!«

Schumacher wirkte nicht nur so, als würde er nicht die Wahrheit sagen, sondern als hoffte er geradezu, ich würde sie dennoch aus seinen Worten herauslesen. »Haben Sie schon jemals Urin zur Kontrolle abgegeben?«

»Nein, ich musste das noch nie.«

»Und warum wurden Sie jetzt dazu aufgefordert?«

»Ein Mitgefangener hat den Beamten einen Tipp gegeben, dass ich mir angeblich was gespritzt hätte.« Er wurde gesprächiger und schien etwas aufzutauen.

»Was denn angeblich?«

»Heroin.«

»Und wer war der Tippgeber?«

Schumacher nannte den Namen eines Mitgefangenen, der aus Kasachstan stammte, jedoch deutscher Staatsbürger war. Das war nun sehr auffällig. Die Gruppe der »russlanddeutschen« Gefangenen (so wurden alle deutschstämmigen Inhaftierten aus den Gebieten der ehemaligen Sowjetunion genannt) war innerhalb der Anstalt eine eingeschworene Gemeinschaft. Sie lebten in ihrer ganz eigenen Welt, mit eigenen Regeln und Strukturen. Nur selten gelang es uns, Einblick in diese Welt zu bekommen, ganz durchschaut haben wir sie nie. Und noch nie zuvor hatte ich es erlebt, dass ein Russlanddeutscher gegen einen anderen Russlanddeutschen aussagte. Ich hatte das Gefühl, dass Schumacher etwas sehr Schweres auf der Seele lag, von dem er sich nicht traute, es anzusprechen.

II.

Schumachers Lebenslauf war typisch für den vieler russlanddeutscher Inhaftierter. Seine Großeltern waren Nachfahren deutscher Siedler in Sibirien, wo seine Eltern und auch er geboren wurden. Nach dem Zusammenbruch der Sowjetunion siedelten seine Eltern wie viele andere aufgrund ihrer deutschen Staatsbürgerschaft in die Bundesrepublik über. Waldemar war damals noch im Vorschulalter. Wirklich integrieren konnte sich seine Familie nicht, die »Exil-Russlanddeutschen« blieben weitgehend unter sich. Man wohnte in eigenen Siedlungen am Rande der Stadt, sprach miteinander nur Russisch. Wenige fanden Arbeit, man lebte in den meisten Fällen von Kindergeld und Sozialhilfe. Lediglich die Kinder lernten zumindest in der Schule Deutsch, Waldemars Eltern und Großeltern sprechen es bis heute nicht oder kaum. Waldemar kam durch sein Elternhaus und auch gleichaltrige Russlanddeutsche bereits früh mit Alkohol und Drogen in Berührung und beging in der Gruppe kleinere Straftaten. Aktuell war er wegen gefährlicher Körperverletzung und versuchten Totschlags in Haft.

Insbesondere Waldemars Vater, ein gelernter Schreiner, hatte Schwierigkeiten, in Deutschland zu einer positiven Identität zu finden. Er fand keine geregelte Arbeit und begann, immer stärker zu trinken. Er fing an, Waldemar, vor allem aber dessen Mutter zu schlagen. Seinen ganzen Frust, seine Wut auf sich selbst und sein Leben ließ er an ihnen aus. Vielleicht war er auch neidisch auf die beiden. Seine Frau besorgte den gesamten Haushalt und den Einkauf, kochte täglich und half Waldemar, als er noch zur Schule ging, bei den Hausarbeiten, so gut sie es mit ihrem Deutsch eben konnte. Dazu ging sie fast jeden Tag einige Stunden putzen, um das karge Familienbudget etwas aufzubessern. Ihr Mann tat überhaupt nichts – außer zu trinken. Jeden Tag. Mal zu Hause, mal auswärts. Waldemar hatte ihn, wie er sagte, nie nüchtern erlebt. Wenn sein Vater überhaupt einmal freundlich war, dann nie ihm, sondern nur seinen Saufkumpanen gegenüber. War nicht genug zu trinken in der Wohnung, musste Waldemar Nachschub holen. Er tat dies nicht nur aus Angst vor den Schlägen des Vaters, sondern immer auch in der Hoffnung, der Vater würde ihn dann mögen. Oder wenigstens anerkennen. Oder ihn zumindest nicht mehr hassen. Waldemar wurde jedes Mal enttäuscht, bis er irgendwann selbst Trost im Rausch suchte. Die Hoffnung aber blieb, über jeden Rausch hinweg. Und Waldemar konnte sich trotz seines Vaters nicht von seinem Elternhaus trennen. Oder vielleicht gerade wegen seines Vaters. Mit knapp zwanzig Jahren wohnte er – auch seiner Mutter zuliebe – immer noch zu Hause. Was würde mit ihr passieren, wenn er ginge? Warum die Mutter ihren Mann nicht verließ, hatte Waldemar nie verstanden. Er blieb also, zum Schutz der Mutter und in der Hoffnung auf die Anerkennung des Vaters. Eine denkbar schlechte Situation, die er nur mit immer mehr Alkohol und Drogen ertragen konnte.

Eines Abends kam Waldemar nach Hause. Sein Vater saß im Wohnzimmer und rauchte. Der Fernseher lief wie immer, aber der Vater war zu betrunken, um die Bilder zu verfolgen. Die Wohnung war völlig verqualmt. Die Mutter nutzte jede Sekunde, in der ihr Mann schlief oder unterwegs war, um durchzulüften, aber der giftige Rauch war längst tief in Teppich, Möbel, Kleider und Wände gedrungen. Waldemars Vater suchte meistens einfach nur Streit. Wie ein trotziges Kind, das so lange immer neue Gegenstände haben will, bis man bei einem nein sagen muss. Dann hat es endlich einen Grund gefunden, zu wüten, zu schreien und zu weinen.

Waldemar kannte seinen Vater und versuchte, jedem Streit aus dem Weg zu gehen, doch meistens funktionierte das nicht. Und wenn der Vater seinen Frust nicht an ihm abreagieren konnte, musste seine Mutter dran glauben, was für Waldemar noch schlimmer war.

An diesem Abend konnte sein Vater nur noch lallen, was angesichts der Tatsache, dass er ein hartgesottener Trinker war, auf einen selbst für seine Verhältnisse außergewöhnlich hohen Konsum schließen ließ. Waldemars Mutter schlief bereits oder versuchte es zumindest. Der Vater schrie ihn, soweit es seine schwere Zunge noch zuließ, an, warum er wieder so spät nach Hause komme. Er versuchte dabei, aufzustehen und auf Waldemar zuzugehen, geriet aber ins Schwanken und stürzte auf das Sofa. Er war sich des jämmerlichen Bildes bewusst, das er für seinen Sohn abgab, und wurde noch wütender. Er beschimpfte Waldemar als nichtsnutzigen Säufer und Gammler, der sein Leben und das seiner Mutter zerstört habe. Nur seinetwegen seien sie nach Deutschland gegangen, hätten nun keine Heimat mehr und würden nie wieder eine haben. Und er habe nichts daraus gemacht, sei einfach nur undankbar.

Waldemar ließ den Vater üblicherweise einfach reden in der Hoffnung, er würde irgendwann müde werden. An diesem Abend aber war alles anders.

Waldemar hatte eine Frau kennengelernt. Eine Russlanddeutsche wie er, sympathisch, fröhlich, aufgeschlossen und intelligent. Sie sprach Deutsch mit kaum hörbarem Akzent, hatte erfolgreich die Realschule absolviert und befand sich in einer Ausbildung zur Einzelhandelskauffrau. Die Beziehung war schon einige Monate alt, aber er hatte sie, selbstredend, noch nie mit nach Hause gebracht. Er hätte sich zu Tode geschämt. Seinem Vater hatte er ohnehin nicht von ihr erzählt, aber auch nicht seiner Mutter. Irgendwie hatte er ein schlechtes Gewissen gegenüber seiner Mutter, weil er sich jetzt einer anderen Frau zuwandte. Er selbst war allerdings bereits bei den Eltern seiner Freundin zu Hause gewesen. Freundliche, positive Menschen, solche gab es also auch. Der Vater sprach zwar auch kaum Deutsch, war aber sehr fleißig und patent und betrieb einen gut gehenden Hausmeisterservice. Die Mutter arbeitete Teilzeit in einer Wäscherei und kümmerte sich ansonsten um den Haushalt und ihre beiden Töchter – Waldemars Freundin und deren jüngere Schwester. Das war eine Art von heiler Welt, die Waldemar völlig fremd war. Er war an diesem Abend bei ihren Eltern zum Abendessen eingeladen gewesen. Er hatte nur auf direkte Fragen geantwortet und ansonsten kaum ein Wort gesagt, so eingeschüchtert war er von dieser neuen Welt. Obwohl er so höflich, zurückhaltend und ruhig auftrat, dass ihre Eltern ihn sehr sympathisch fanden, fühlte er sich nicht wohl in seiner Haut. Mehr noch, er schämte sich. Er war überzeugt, dass man ihm sein Elternhaus ansah, diese Lieblosigkeit und Gewalt, und dass man ihn meiden müsste, wollte man nicht angesteckt werden wie von einem tödlichen Gift. Er fühlte sich wie ein Betrüger, ein Hochstapler, wenn er auf die Fragen der Eltern antwortete und dabei freundlich lächelte. Wenn die wüssten, wo er herkam!

Als er nach Hause ging, war ihm zumute, als hätte er einen Blick ins Paradies werfen dürfen, nicht zu lange, und müsse nun zurück in die Hölle. Die war immer sein Zuhause gewesen und würde es auf ewig bleiben. Er war so wütend. Wütend, weil er den Eltern seiner Freundin, die er ohne Zweifel liebte, keinen besseren Partner für ihre Tochter präsentieren konnte. Wütend, weil er sich vor ihren Eltern schämen musste. Wütend, weil seine Eltern nicht so waren wie ihre. Wütend, weil er selbst so ein Versager war. Nicht einmal einen ordentlichen Beruf konnte er vorweisen! Wütend über seine Wut. Er war viel zu durcheinander, um sich darüber klar zu werden, was er ändern wollte, was er tun sollte, aber irgendetwas musste sich ändern, das wurde ihm an diesem Abend auf dem Heimweg bewusst. Schmerzhaft bewusst, denn letztlich geht es bei allen Veränderungen im Leben, mal mehr und mal weniger, darum, die eigene, persönliche Struktur zu verändern. Doch wie soll das gelingen, wenn man nur spürt, dass die alte einem schadet, aber nicht weiß, wie eine neue, bessere aussehen sollte? Und wenn es niemanden gibt, der einen bei dieser Strukturveränderung unterstützt? Es gab seine Freundin. Für sie und mit ihr wollte er ein anderes Leben führen, ein anderer, ein besserer Mensch werden. Aber er wollte ihr nicht zur Last fallen und es nicht auf ihre Kosten tun.

Als er nun die Wohnung betrat, musste er sich die Schimpftiraden seines Vaters anhören. Er würde sich später kaum noch an das erinnern können, was dann geschah und was in seinem Kopf passierte. Er tickte einfach aus. Er schlug seinem Vater so hart mit der Faust ins Gesicht, dass er sich selbst zwei Finger dabei brach. Nach dem ersten Hieb brachen alle Dämme. Er prügelte auf den Vater ein, mit beiden Fäusten, und schrie so laut wie nie zuvor in seinem Leben. Der Vater war längst bewusstlos geworden und auf dem Sofa zusammengesackt, da trat Waldemar, als er nicht mehr schlagen konnte, mit den Füßen auf ihn ein. Seine Mutter beobachtete das Ganze von der Tür zur Küche aus. Erst als Waldemar fast die Luft ausging und er immer längere Pausen machen musste, um durchzuatmen, trat sie von hinten auf ihn zu und umarmte ihn. Alle Wut, aller Hass, alle Aggression waren mit einem Mal weg. Er fühlte sich nur noch leer, ausgelaugt und traurig. Als er zu seinem Vater hinübersah, der sich einuriniert und übergeben hatte und mit blutverschmiertem, aufgequollenem Gesicht auf dem Sofa lag, die Augen geschlossen und den Mund einen Spalt geöffnet, aus dem langsam etwas Blut floss, da dachte er, der Vater sei tot. Seine Mutter rief die Polizei und dann den Krankenwagen.

III.

Der Vater ist nicht gestorben. Das Gericht sah es aber als erwiesen an, dass Waldemar mit seinen Schlägen den Tod des Vaters gewollt, zumindest billigend in Kauf genommen hatte. Er wurde wegen gefährlicher Körperverletzung und versuchten Totschlags verurteilt.

Mittlerweile kam seine Mutter hin und wieder zu Besuch in die Anstalt, in der Waldemar insgesamt neun Jahre zu verbüßen hatte. Auch seine Freundin hielt zu ihm und besuchte ihn regelmäßig. Mit dabei der kleine Viktor, ihr gemeinsamer Sohn. Sie war, was beide nicht gewusst hatten, zum Zeitpunkt seiner Tat von ihm schwanger gewesen.

IV.

Dass ein anderer Russlanddeutscher einem Beamten den Tipp gegeben hatte, Schumacher habe sich Heroin gespritzt, war deshalb so verwunderlich, da die Gruppe der Russlanddeutschen innerhalb einer JVA eine eiserne »Subkultur« pflegte, in der es ein absolutes Tabu war, mit uns, dem Staat, in irgendeiner Weise zusammenzuarbeiten. Subkultur. Den Begriff lernte ich überhaupt erst im Gefängnis kennen.

Im Gefängnisalltag ist von Subkultur insbesondere in zwei Zusammenhängen die Rede. Wenn zum einen gegenüber Gerichten, Rechtsanwälten und anderen Außenstehenden begründet werden soll, warum einem Gefangenen nicht zu trauen sei (und er deshalb zum Beispiel keinen Ausgang bekommen dürfe), dann wird das nicht selten darauf gestützt, dass er der gefängnisinternen Subkultur angehöre. Zum anderen wird der Begriff auch in der internen Kommunikation verwendet, um entweder allgemein repressive Maßnahmen zu begründen (zum Beispiel Verschlusszeiten der Hafträume, um den Handel mit Drogen zu unterbinden) oder um bei einem Gefangenen konkrete Eingriffe zu rechtfertigen (wie beispielsweise vermehrte Kontrollen seines Haftraums). Was genau eigentlich die Subkultur ausmacht, wird kaum hinterfragt und definiert, letztlich fallen alle Strukturen darunter, die gegen das geschriebene und ungeschriebene Recht der Anstalt verstoßen. Jede

Art des Zusammenwirkens von Häftlingen außerhalb der institutionellen Vorgaben wird entweder als subkulturell betrachtet oder gerät zumindest in den Verdacht subkultureller Aktivitäten. Eine Selbsthilfegruppe Drogenabhängiger beispielsweise wurde abgelehnt, weil zu befürchten stand, dass sie zum Drogenhandel missbraucht werde. Dahinter steckt die Erkenntnis, dass die Kontrolle der Gefängnisverwaltung immer dann in Gefahr gerät, wenn mehrere Gefangene sich gegen das System zusammentun. Am gefährlichsten war, so betrachtet, die Gruppe der Russlanddeutschen, da sie nicht nur zahlenmäßig je nach Anstalt gut zehn Prozent der Insassen stellten, sondern auch innerhalb und außerhalb des Gefängnisses mafiös organisiert waren.

Die Mafia war streng hierarchisch aufgebaut. Es gab einen obersten Boss, der möglicherweise, aber nicht notwendigerweise im Gefängnis saß. Die Strukturen der Mafia wurden also durch die Inhaftierung einzelner Mitglieder nicht durchbrochen. Der Boss konnte sich irgendwo in Freiheit in Deutschland oder Russland aufhalten oder auch in einem anderen Gefängnis sitzen. In der Anstalt gab es dann, diesem untergeordnet, verschiedene Leitungsebenen. Einen Chef, einen Vertreter, mehrere Führungskräfte der mittleren Ebene und viele »Fußsoldaten«, die sich erst nach oben dienen mussten. Wie bei einem Staat funktionierte das bis zu einem gewissen Grad durch absolute Anpassung an die Normen des Systems. Die Aufstiegsmöglichkeiten durch Anpassung sind jedoch hier wie dort begrenzt. Wirkliche Macht konnte in der Russenmafia nur durch Gewalt erlangt werden, und zwar Gewalt gegenüber denjenigen, die bis dahin die Macht innehatten.

Wir wussten nie ganz genau, wer die Köpfe der »Russen« waren. Es gab Hinweise, Vermutungen, Anzeichen, aber nie klare Beweise. Vor Jahren noch sahen wir es an den Tätowierungen, die wie Abzeichen einer Uniform auf den Rang des Trägers schließen ließen, doch je mehr wir die Bedeutung der Tattoos verstanden, desto mehr verzichteten sie darauf. Deutlich wurde aber, dass sie genauso auf uns herabsahen wie wir auf sie. Im Knast arbeiteten aus ihrer Sicht nur Menschen, die sonst keine Arbeit fanden. Unsere Kultur war für sie die Subkultur. Sie sahen sich als die wahren Machthaber innerhalb der Anstaltsmauern, ließen uns aber in Ruhe, solange wir sie nicht allzu sehr störten. Wenn wir ihnen aber dabei in die Quere kamen, dann konnte es für uns ungemütlich werden. Die Arbeit im Gefängnis ist im Allgemeinen nicht sehr gefährlich. Bedroht, ausdrücklich oder zwischen den Zeilen (»wir sehen uns dann draußen«), werden die Mitarbeiter allerdings relativ häufig. In aller Regel legt man das nicht auf die Goldwaage. Wenn eine solche Drohung aber aus den Kreisen der Russenmafia kommt, ist Vorsicht geboten. Dort meint man, was man sagt. Es handelte sich dann auch nicht um wüste Drohungen und Beschimpfungen aus der Wut heraus, sondern um ganz nüchtern übermittelte Botschaften, meist über Mitglieder der unteren hierarchischen Ebenen weitergegeben.

Einmal kamen wir besonders stark in die Schusslinie. Einige der Bosse waren wegen Mordes in Haft, man hatte ihnen verschiedene, durch ihre Organisation begangene Tötungen als Mittäter oder Anstifter zugerechnet. Einige hatten auch selbst jemanden umgebracht, um in der Hierarchie nach oben zu kommen. Nicht alle hatten die deutsche Staatsbürgerschaft, aber in Deutschland gelebt und dort ihre Straftaten begangen. Für in Deutschland Inhaftierte mit ausländischer Staatsbürgerschaft gibt es die Möglichkeit, sie deutlich vor dem regulären Haftende zu entlassen, allerdings nur zu dem Zweck, sie direkt zum Flughafen zu bringen und in ihr Heimatland abzuschieben. Wenn sie dann innerhalb eines bestimmten Zeitraumes, der oft zehn Jahre oder länger betragen kann, unerlaubt wieder in Deutschland einreisen, kommen sie erneut in Haft. Manche Gefangenen wollen lieber vorzeitig entlassen werden zum Preis der Abschiebung, die allermeisten aber versuchen, es mit allen Mitteln zu verhindern. Viele haben überhaupt keinen Bezug mehr zu ihrem Heimatland, kennen dort niemanden und können manchmal die dortige Sprache nicht. Die russischen Bosse aber wollten so schnell wie möglich entlassen und abgeschoben werden. Ihre Organisation hatte ihre Ursprünge in der ehemaligen Sowjetunion und war dort entsprechend gut vernetzt. Obwohl die Entscheidung darüber, wann jemand entlassen wird, nicht in der Kompetenz der JVA liegt, wird das von den Gefangenen oft anders wahrgenommen, zumal die JVA von Gerichten und Staatsanwaltschaften um Stellungnahme zur Entlassung gebeten wird und die entscheidenden Stellen sich dann meist auf diese Einschätzung beziehen. Einem der Bosse, ohne dass wir genau wussten, welcher es war, ging es nicht schnell genug mit der Abschiebung. Einige Russen teilten uns im Rahmen von Sprechstunden mit, dass es mit den Abschiebungen ganz allgemein schneller gehen müsse. Der Druck wurde immer stärker, der Ton aggressiver. Es wurden die Beamten vor Ort angesprochen, Sozialarbeiter, Pfarrer und Ärzte. Irgendwann wurde uns über Mittelsmänner mitgeteilt, in den Kreisen der Russenmafia sei bekannt, wo wir Abteilungsleiter wohnten. Auch unsere Familien wurden erwähnt. Wir Abteilungsleiter waren gegenüber den Gefangenen »das Gesicht« der Anstaltsleitung, da wir wöchentlich Sprechstunden durchführten sowie die Vollzugspläne und Stellungnahmen an Anwälte, Gerichte und Behörden unterschrieben. Wir bekamen einen Waffenschein und durften zum eigenen Schutz und dem unserer Familien eine Pistole mit uns führen. Bei einem Kollegen fuhr die Polizei von da an regelmäßig in dessen Wohngegend Streife. Passiert ist letztlich nichts. Vielleicht wurden diejenigen, die den ganzen Druck aufgebaut hatten und die wir nicht kannten, irgendwann entlassen, vielleicht war es auch nur ein Test der Mafia, inwieweit sie das System unter Druck setzen konnten. Meine Pistole und den Waffenschein habe ich längst wieder abgegeben.

Jeder Russlanddeutsche musste Mitglied der anstaltsinternen Organisation werden. Fast alle wollten das auch, und aus ihrer Sicht war es durchaus vernünftig. Sie genossen Schutz vor anderen Gefangenen, bekamen Unterstützung in Notfällen, konnten Geld durch Drogenhandel verdienen. Und was hatten wir, was hatte unser Staat ihnen schon zu bieten? Was brachte es ihnen, wenn sie sich an unsere Regeln hielten? Vielleicht eine vorzeitige Entlassung, wenn überhaupt, um sich dann draußen in irgendwelchen schäbigen Wohnsiedlungen mit Hartz IV bis zum nächsten Knastaufenthalt durchzuhangeln? Nein, die Existenz und Stärke der Russenmafia im Knast war ein verständlicher menschlicher und sozialer Prozess.

Einige jedoch weigerten sich, mitzumachen. Sie wollten auch im Knast lieber ihr eigenes Ding durchziehen oder hatten Angst, ausgenutzt zu werden. Aber es war unmöglich, sich zu entziehen. Wer sich weigerte, wurde ebenso wie jeder, der die Regeln der Organisation nicht einhielt, bestraft. Es gab einen informellen Katalog von Strafmaßnahmen, der von Zahlungen, Schlägen und sexuellem Missbrauch bis hin zu dem Befehl ging, sich umzubringen. Auch musste jeder in den »Obschak« einzahlen, eine Art Gemeinschaftskasse, aus der beispielsweise Mitglieder bezahlt wurden, die infolge einer Disziplinarmaßnahme nicht arbeiten durften und daher keine Einnahmen hatten. Diese Kasse bestand nur zu einem geringen Teil aus Bargeld, da dieses im Gefängnis verboten und nur in sehr eingeschränktem Umfang im Umlauf ist. Zum größten Teil handelte es sich um Tabak, Kaffee, Drogen und Pornos, die knastinternen Ersatzwährungen. Es gab einen Verwalter dieser Sozialkasse, der sie aber selbstverständlich nicht bei sich im Haftraum verwahrte. Sie war vielmehr in der ganzen Anstalt über zahlreiche Gefangene und Hafträume verteilt, sodass wir nie Zugriff nehmen konnten. Nur der Verwalter wusste, wo und wie viel zum Beispiel an Kaffee und Tabak gelagert waren, die nicht dem Besitzer, sondern der Gemeinschaft gehörten.

Einmal hatte sich ein Verwalter selbst aus der Kasse bedient und über Außenstehende ein paar tausend Euro auf das Konto seiner Frau überweisen lassen. Die Bosse bekamen Wind davon, dass da etwas nicht mit rechten Dingen zuging. Der Verwalter wurde vor eine Art anstaltsinternes Gericht zitiert. Er wusste, dass es für ihn übel ausgehen konnte, und nahm einen zugespitzten Schraubenzieher mit zu der »Gerichtsverhandlung«. Diese eskalierte, der Verwalter erstach einen der »Richter«, ein anderer wurde schwer verletzt. Der Täter, mittlerweile in eine andere Anstalt verlegt, brachte sich noch vor der »richtigen« Gerichtsverhandlung um. Wir vermuteten, dass dies die einzige Möglichkeit für ihn war, seine Kinder und seine Frau vor einer Bestrafung durch die Mafia zu schützen.

Schumacher war, das war offensichtlich, kein hohes Tier in der Struktur der Russlanddeutschen, eher einer von denen, die draufzahlten, die ihr ganzes Leben lang draufzahlten, einer, von dem andere immer profitierten. Ein Verlierer beider Welten, unserer und der der Mafia. Das Tragische war, dass er die unserem Rechtssystem ausdrücklich und immanent zugrundeliegende Maxime, ohne zwingende Not anderen keinen Schaden zuzufügen, offensichtlich besser verinnerlicht hatte als mancher durchschnittlich rechtstreue deutsche Bürger, der nicht im Gefängnis saß.

V.

Was also war es, das Schumacher so belastete? Warum hatte ein anderer Deutschrusse gegen ihn ausgesagt? Und hatte Schumacher wirklich keine Drogen konsumiert, konnte oder wollte er wirklich keinen Urin unter Beobachtung abgeben?

»Herr Schumacher, haben Sie vor irgendjemandem Angst?«

»Nein«, er schien irgendwie dankbar zu sein, sich etwas öffnen zu können, »ich habe eigentlich keine Angst, nur um meine Familie.«

»Haben Sie Kinder?«

»Einen Sohn, ja.«

»Und warum haben Sie Angst um ihn?«

»Bitte, das möchte ich nicht ..., das kann ich nicht sagen.«

Ich hatte dennoch das Gefühl, dass er kurz davor war, es mir mitzuteilen. »Ich kann Ihnen aber nur helfen, wenn Sie mir sagen, wo das Problem liegt!«

»Wie können Sie mir denn helfen? Geben Sie mir eine Disziplinarmaßnahme wegen der Nichtabgabe von Urin, das macht mir nichts aus!«

»Ja, aber ich habe eben das Gefühl, dass Ihnen etwas auf dem Herzen liegt, und Sie sagen ja selbst, Sie hätten Angst um Ihre Familie. Außerdem finde ich es merkwürdig, dass Sie ein anderer Russlanddeutscher verpfiffen hat. Also, sagen Sie mir, was Sache ist. Ich verspreche Ihnen auch, es vertraulich zu behandeln. Es wird nicht in Ihrer Akte vermerkt, und weder ich noch mein Kollege hier werden es gegen Ihren Willen irgendjemandem sagen!«

Er schien uns zu glauben, und das war nicht selbstverständlich. Die Zusicherung der Vertraulichkeit war generell eine heikle Sache, da die Gefangenen einem manchmal Dinge offenbaren, die man eigentlich weitergeben musste, wenn man nicht selbst gegen die Vorschriften verstoßen wollte. Die meisten von uns versuchten aber, diese Last zu tragen und damit Verantwortung zu übernehmen, anstatt sich ihrer durch Einhaltung der Vorschriften zu entledigen.

»Ich habe konsumiert. Gespritzt. Heroin.«

»O. k., aber ich verstehe noch nicht so ganz; warum ist dann Ihre Familie gefährdet?«

»Ich durfte eigentlich nichts nehmen. Die Bosse hatten es verboten.«

»Welche Bosse?«

»Unsere Bosse.«

»Wie heißen die?«

Er lächelte so, dass mir sofort klar war, dass er die Namen nie nennen würde.

»Das sage ich nicht, und das wissen Sie.«

»Na gut, aber warum durften Sie von denen aus kein Heroin nehmen?«

»Ich bin eingeteilt als Händler. Ich muss Heroin besorgen und verwalten und es an Süchtige in der Anstalt verkaufen. Ich darf auf keinen Fall selber was nehmen.

Aber ich bin auch süchtig. Ich habe Probleme, verstehen Sie? Meine Freundin will sich trennen, ich habe Angst, meinen Sohn nicht mehr zu sehen, verstehen Sie? Wenn ich rauskomme, ist mein Sohn neun ...«

Er konnte nicht mehr weiterreden und kämpfte mit den Tränen.

»Aber das ist doch nicht so dramatisch, dass Sie dann einmal selbst konsumiert haben, oder?«

»Doch, es war Stoff, der nicht mir gehörte. Er gehörte der Organisation. Ich habe angeboten, es zu zahlen, viel mehr zu zahlen, aber ... das reicht denen nicht.« Es sprudelte jetzt fast aus ihm heraus. Die Gefühle seinem Sohn gegenüber schienen alle inneren Verpflichtungen gegenüber der Organisation beiseite gefegt zu haben. »Ich bin, wie sagt man das bei Ihnen, vogelfrei geworden, verstehen Sie?«

»Indem Sie bei einem Beamten angeschwärzt wurden?«

»Ja, genau.«

»Und welche Folgen hat das, was heißt das, vogelfrei zu sein?«

»Jedes Mitglied der Organisation darf mit mir machen, was es will. Und spiele ich dann nicht mit, wird meine Familie draußen leiden.«

Das bedeutete nicht nur, dass er für andere putzen oder ihnen seinen Einkauf abgeben musste, er musste ihnen auch sexuell zur Verfügung stehen, sie insbesondere oral befriedigen. Ich war schockiert.

»Um Gottes willen! Aber dann müssen Sie mir die Hintermänner, die führenden Köpfe nennen, sonst können wir doch nichts gegen die unternehmen!«

»Das wäre mein Todesurteil beziehungsweise das meiner Familie. Das würde sich sofort, auch nach draußen, herumsprechen, und Sie wissen selbst, die sind über alle Anstalten hin vernetzt, es würde also nichts bringen, sie zu verlegen. Und nachweisen können Sie den Bossen ohnehin nichts.«

»Aber wie sollen wir, wie soll ich Ihnen dann helfen?«

»Verlegen Sie mich in ein anderes Bundesland.«

»Aber in den dortigen Gefängnissen gibt es ebenfalls Russlanddeutsche, die werden Sie doch da auch finden?«

»Es gibt nicht so viele wie in Bayern. Es wird dauern, bis man mich dort findet, und wenn es so weit ist, muss ich mich wieder verlegen lassen.«

»Und Ihre Familie, bekommt die dann keinen Ärger, wenn die Leute hier spitzkriegen, dass Sie verlegt worden sind?« Auf diese Frage schien er auch für sich noch keine eindeutige und vor allem befriedigende Antwort gefunden zu haben.

»Wir ... Sie müssten irgendeinen offiziellen Grund finden, warum ich verlegt werde. Und dann müsste man dafür sorgen, dass sich das bei den anderen herumspricht. Zum Beispiel könnten Sie sagen, der Knast ist überbelegt und Sie müssten Gefangene loswerden.«

»Das ist, finde ich, nicht sehr glaubwürdig, dass wir dann ausgerechnet Sie verlegen. Außerdem muss Sie ein anderes Gefängnis, vor allem in einem anderen Bundesland, ja erst einmal sozusagen freiwillig aufnehmen. Da muss ich überzeugende Argumente haben. Ich fürchte, die wollen wissen, wer Sie wie bedroht, ob es keine andere Möglichkeiten gibt, der Bedrohung zu begegnen und so weiter.«

Es war das alte Spiel. Keine Anstalt nahm gerne außerhalb ihrer originären Zuständigkeit Gefangene auf, schon gar nicht solche, die Probleme hatten oder Probleme machten. Schumacher war sehr intelligent, er wusste, dass wir ihm mit unseren staatlichen Strukturen und Mitteln keinen wirklichen Schutz geben konnten. Seine Organisation saß immer am längeren Hebel, zumal sie Mittel und Methoden verwendete, die unser Staat sich selbst versagte. Sich uns also völlig zu offenbaren und uns etwa die Namen der Bosse zu nennen, wäre aus seiner Sicht das Dümmste, was er tun konnte. Ich an seiner Stelle hätte es genauso wenig getan, wusste aber auch nicht so recht, wie ich ihm helfen konnte. Wir vereinbarten, beide darüber nachzudenken und uns in einigen Tagen wieder zusammenzusetzen.

VI.

Zwei Tage später. Schumacher war leichenblass. Er bat mich, eher flehte er: »Bitte, es ist alles in Ordnung, ich will hier nicht weg. Verlegen Sie mich nicht in eine andere Anstalt. Bitte!«

Sein Kopf hing weit vornüber, er starrte vor sich auf den Boden. Sie hatte ihn wieder. Die andere Welt. Die untere Welt. Oder einfach nur die einzige?

Eine verhängnisvolle Liaison

I.

Wer ein Kind bekommt, verliert erst einmal einen Großteil seiner Freiheit. Die Frau meist noch deutlich mehr als der Mann.

Als Anna, eine junge Sozialarbeiterin, frisch von der Hochschule, mir mitteilte, dass sie schwanger war, schien sie aber anderes zu belasten als die Angst vor dem Verlust dieser Art von Freiheit. Merkwürdigerweise wirkten ihre Worte auch nicht nur sorgenvoll, sondern eher wie ein Vorwurf. Ein Vorwurf an mich, ein Vorwurf an das System. Die bei einer solchen Nachricht vielleicht normale Reaktion, sich mitzufreuen und die werdende Mutter zu beglückwünschen, erschien mir jedenfalls gänzlich unangemessen. Denn Anna freute sich nicht, nicht im Geringsten. Während sie sich auf den Stuhl gegenüber meines Schreibtisches setzte, dachte ich mir, dass ein Kind in dieser Phase wohl nicht in ihre Lebensplanung passte und sie deshalb so unglücklich war. Sie arbeitete erst seit Kurzem im Strafvollzug. Es war ihre erste Stelle nach Abschluss des Studiums, und sie war noch nicht lange genug dabei, um schon auf Lebenszeit verbeamtet worden zu sein. Vielleicht war das Kind auch von einem Mann, mit dem sie nicht mehr zusammen war oder zusammen sein wollte? Nie hätte ich allerdings mit dem gerechnet, was sie mir in einer Mischung aus Verzweiflung, Wut und Scham fast schon entgegenschleuderte: »Von Richtstein!«

Die sprichwörtliche Sprachlosigkeit erlebt man nur selten bewusst, aber das war so ein Moment. Richtstein war ein mir bestens bekannter Gefangener. Der strafrechtliche Hintergrund der Gefangenen spielt im Gefängnisalltag und im Umgang miteinander immer eine Rolle, aber nicht die alles entscheidende. Angenehm und, wüsste man nicht von deren Taten, sympathisch sind oft Gewalttäter oder auch Gefangene, die wegen sexuellen Missbrauchs von Kindern verurteilt worden sind. Weniger angenehm sind Betrüger wie Herr Richtstein. Verurteilt wegen mehrfachen Betruges in Millionenhöhe zu fast zehn Jahren Haft. Seit einigen Jahren schon hatte ich mit ihm zu tun. Ein Betrüger wie aus dem Bilderbuch.

Während bei Straftaten wie Körperverletzung oder Diebstahl kein automatischer Rückschluss auf die Persönlichkeit des Täters möglich ist, ist dies bei Betrügern oft anders. Natürlich gibt es auch unter ihnen unterschiedliche Persönlichkeiten, aber bei vielen, die mehrfach einen strafbaren Betrug in finanziell nicht unerheblicher Höhe begangen haben, kommt doch der Satz »Einmal Betrüger, immer Betrüger« der Wahrheit ziemlich nahe. Ein Straftäter dieser Couleur täuscht einen anderen, um für sich selbst einen rechtswidrigen Vermögensvorteil zu erlangen. Und dieses Irreführen über das eigene Wollen, Können oder Haben, um das Gegenüber dazu zu bewegen, etwas zu tun, was es anderenfalls nicht tun würde, und sich dadurch einen Vorteil und dem anderen einen Nachteil zu verschaffen, ist vielen dieser Zeitgenossen wesensimmanent.

Während man zum Beispiel Gefangenen, die wegen Körperverletzung verurteilt sind, in aller Regel ohne jegliche Angst vor gewalttätigen Angriffen begegnen kann, darf man sich bei »typischen« Betrügern fast sicher sein, dass sie mehr oder weniger bewusst eine Übervorteilung ihres Gegenübers im Sinn haben. Sie versuchen, jede menschliche Interaktion zu ihren Gunsten zu gestalten. Das unterscheidet sie noch nicht vom Durchschnitt der Menschheit. Allerdings, und das ist dann doch eine Abweichung von der Norm, greifen sie zur Erlangung ihrer Vorteile, die strafrechtlich relevant nur in materiellen Dingen sind, aber auch in allen anderen Arten von Privilegien wie etwa sexuellen Handlungen bestehen können, auf Mittel und Methoden zurück, die dem »Normbürger« das Über-Ich versagt. Sie lügen und manipulieren ohne Rücksicht auf Verluste. Oft sind es sozial sehr kompetente und überdurchschnittlich intelligente Menschen. Im Gefängnis kennt man ihren Hintergrund und begegnet allem, was sie sagen, mit einer gewissen Skepsis. Aber draußen, in »freier Wildbahn«? Wer hat gegen einen »guten Betrüger« eine Chance? Er merkt genau, wie ein Mensch »tickt«, welche Schwächen er hat, welche Töne auf der zwischenmenschlichen Klaviatur er zum Klingen bringen muss und wie er die sozialen Regeln zu seinem Vorteil ausnutzen kann. Während viele von ihnen keine Hemmungen haben, ihre Opfer in schwere finanzielle oder psychische Krisen zu stürzen, wenden sie allerdings fast nie selbst körperliche Gewalt an.

Vielleicht liegt das daran, dass in jeder Art von körperlicher Gewalt, so unrecht sie auch sein mag, zumindest ein Stück Ehrlichkeit steckt? Eine ehrliche Offenbarung von Aggression, zu der mancher Betrüger offenbar nicht fähig oder gewillt ist? Auch ist körperliche Gewalt natürlich leichter zurechenbar als die vielfach äußerst komplexen Lügengebilde von Betrügern.

Der Verzicht auf Gewalt zugunsten der Täuschung scheint somit eher opportunistischen und weniger moralisch integren Erwägungen geschuldet zu sein. Wenn Betrüger drohen, dann meist nicht damit, sie würden jemand anderem etwas antun, sondern damit, sie würden sich selbst etwas antun, und ein anderer sei schuld daran.

Richtstein war also geradezu das Sinnbild eines »klassischen« Betrügers. Auf einem Foto würde man ihn nie als gut aussehend, geschweige denn schön bezeichnen. Bemerkenswerterweise wirkte er aber »im Leben« sehr attraktiv. Er war Mitte vierzig und sah trotz der jahrelangen Haft immer so aus, als wäre er gerade aus dem Urlaub zurückgekehrt. Die gräuliche Gefangenenbekleidung schien er nicht aus Zwang, sondern aus modischen Gründen zu tragen. Auch die Haft selbst war für ihn offenbar keine allzu große Belastung. Mal gewinnt man, mal verliert man. Sie war auch keine verhängte Strafe anderer für sein falsches Verhalten, sondern ein eigenes kleines Missgeschick auf dem Weg zu einem noch besseren Betrüger. Im Haftalltag verhielt er sich höflich, angepasst, fast untertänig. Allerdings nur, solange er bekam, was er wollte. Bekam er das nicht, versuchte er zunächst an das Schuldgefühl des Gegenübers zu appellieren. Da konnte er weinen wie ein kleines Kind. Kaum zu glauben, dass das noch der gleiche, scheinbar so selbstbewusste und souveräne Richtstein war. Wenn er zum Beispiel ein Telefonat außer der Reihe mit seiner Familie führen wollte, das ihm normalerweise nicht genehmigt worden wäre, gab er mit tränenerstickter Stimme an, dass eines seiner Kinder todkrank sei. Er flehte einen an: »Nur einmal, nur dieses eine Mal, jeder Tag kann der letzte für mein Kind sein!« Auch ein Lügner und Betrüger kann schließlich ein todkrankes Kind haben, und der Aufwand, zu überprüfen, ob das auch stimmt, wäre immens. Also wurde ihm das Telefonat genehmigt. In dieser Zeit konnte sich der überwachende Beamte nicht um andere Gefangene kümmern, die es vielleicht nötiger gehabt hätten. Solche Situationen traten oft ein.

Funktionierte auch die Manipulation über das Schuldgefühl nicht, drohte er mit allen möglichen juristischen Maßnahmen, brüstete sich mit seinen angeblich guten Kontakten zur Presse und damit, diesen oder jenen Landtagsabgeordneten oder hohen Ministerialbeamten persönlich gut zu kennen. Auch dies stellte sich nie als zutreffend heraus.

Dieser Mann also war der Erzeuger von Annas ungeborenem Kind. Ausgerechnet Richtstein. Und ausgerechnet Anna!

II.

Die Biografie von Straftätern, soweit sie im Urteil oder auch später im Verlauf des Strafvollzuges, zum Beispiel bei Begutachtungen, eine Rolle spielt, ist nur zum Teil objektivierbar. Zu einem guten Teil fließen rein subjektiv empfundene Aspekte aus der Vita des Betroffenen in die Darstellung ein. Wenn ein Betrüger ohnehin alle seine Äußerungen nicht an der inneren oder äußeren Realität, sondern am Nutzen für sich selbst orientiert, warum sollte er das gerade bei der Darstellung seiner Biografie nicht tun? Es geht nicht darum, »die« Wahrheit zu finden, sondern »eine« Wahrheit auszuhandeln, mit der sich arbeiten und leben lässt. Eine erfundene oder gefälschte Biografie kann, vor diesem Hintergrund, genauso aussagekräftig sein wie eine reale.

Richtstein war ein Einzelkind. Sein Vater war über zwanzig Jahre älter als seine Mutter, mit der er in dritter Ehe lebte. Er hatte Richtsteins Mutter, seine ehemalige Sekretärin, möglicherweise auch in der Hoffnung geheiratet, dass sich jemand im Alter um ihn kümmern würde. Als der Sohn vierzehn Jahre alt war, bekam seine Mutter jedoch Krebs und wurde selbst pflegebedürftig. Der Vater verließ kurz darauf die Familie. Er war sehr reich, ein Banker, und hatte Richtstein von frühester Kindheit an in dem Maße mit Geld eingedeckt, in dem seine Mutter versucht hatte, ihm jeden Wunsch von den Augen abzulesen. Kam in irgendeinem Zusammenhang die Rede auf Richtsteins Kindheit oder seine Eltern, sprach er mit Tränen in den Augen in den höchsten Tönen von beiden, die inzwischen verstorben waren. Wie sie sich geliebt hätten, wie sie ihn geliebt hätten, wie sie das Leben geliebt hätten, wie gut sie gewesen seien. Da gab es keinen Vorwurf, keine Enttäuschung, keine Kritik, nichts. Selbst den Weggang des Vaters schilderte er voller Verständnis für ihn als Akt der Liebe gegenüber der Mutter, der sein Vater nicht noch zusätzlich zur Last fallen wollte.

Vielleicht hat Richtstein das tatsächlich so empfunden, und vielleicht begann schon ganz früh in seiner Kindheit der Betrug an sich selbst. Der Betrug, den er sich dann zur Lebensmaxime machte. Das Leben betrügen, statt vom Leben betrogen zu werden. Vielleicht wäre die Wahrheit einfach zu schlimm gewesen – und wäre es noch. Oder es war tatsächlich so, wie er es erzählte. Genau so. Nämlich seine Wahrnehmung von Realität, die einschloss, von allen alles bekommen zu können. Bekommen zu müssen. Einen Anspruch darauf zu haben, dass jeder ohne Rücksicht auf die eigenen Interessen sein Bestes gab, bei ihm, Richtstein, jede Frustration zu vermeiden. Wer das nicht tat, den musste er gezwungenermaßen belügen, betrügen, manipulieren. Aus reiner Notwehr.

Oder Richtstein war einfach nur satt. Von frühester Kindheit an gesättigt und voll. Gelangweilt. Überdrüssig dessen, was ihm das Leben ohnehin im Übermaß gab, konnte der Reiz nur noch darin bestehen, sich das zu holen, was es ihm eigentlich nicht geben wollte. Was auch immer der Hintergrund war, auf Dauer gestaltete sich der Kontakt mit ihm überaus anstrengend. Als würde man in einen stetigen Machtkampf hineingezogen werden, zu dem man weder Lust hat noch gewappnet ist, und ihn deswegen verliert.

Einmal hatte allerdings auch Richtstein verloren, und darum saß er nun im Gefängnis. Er war wie sein Vater Banker geworden und hatte sich darauf spezialisiert, reichen älteren Menschen, vor allem Unternehmensinhabern, bei der Regelung ihrer Vermögensnachfolge zu helfen. Das Geld, das angeblich in Stiftungen und anderswo angelegt werden sollte, wanderte über Umwege meist in seine eigene Tasche. Strafrechtlich das Genick gebrochen hatte ihm dann ein neuer »Geschäftszweig«, bei dem er nicht unmittelbar andere Menschen schädigte, sondern anderen half, den Staat zu schädigen. Er unterstützte und beriet vermögende Leute, die viel Geld und Schwarzgeld in der Schweiz und anderswo angelegt hatten, ohne die Zinseinnahmen zu versteuern. Mithilfe von weit verzweigten Überweisungen, Käufen und Verkäufen von Firmenanteilen und anderen Tricks sollte nachträglich eine Legende für ihr dort angelegtes und vergrößertes Vermögen geschaffen werden, um im Falle einer Aufdeckung die deutschen Behörden täuschen zu können.

Er hatte, aus seiner Sicht, Pech.

Womöglich ist es eine Schwäche vieler Betrüger, ihresgleichen nicht zu erkennen? Richtstein jedenfalls saß selbst einer Betrügerin auf. Die Ehefrau eines reichen deutschen Unternehmers wollte sich von ihrem Mann, der davon nichts ahnte, trennen. Das Problem war allerdings, dass sie infolge eines Ehevertrages bei einer Scheidung nicht so viel Geld bekommen würde, wie sie sich wünschte. Auch beim Versterben ihres hochbetagten Ehemannes würde sie bei Weitem nicht so viel erben, wie sie für ihren gehobenen Lebensstil brauchte. Sie wusste, dass ihr Mann seit vielen Jahren einige Millionen auf Schweizer Schwarzgeldkonten angelegt und dort auch mit Aktiengeschäften große, unversteuerte Gewinne erwirtschaftet hatte. Sie machte ihm Angst vor der Steuerfahndung und überredete ihn, Richtstein, der zu diesem Zeitpunkt in den entsprechenden Kreisen einen guten Namen hatte, eine Vollmacht für die Schwarzgeldkonten zu geben, damit er durch diverse

Verschiebungen der Gelder deren Werdegang verschleiern könne. Als sie die Vollmacht für Richtstein hatte, bat sie ihn, das Geld aus Sicherheitsgründen aus der Schweiz zunächst auf ein Zwischenkonto in Liechtenstein zu überweisen. Für dieses Konto würde er eine Vollmacht bekommen, und von dort aus solle er dann beginnen, die Geschichte des Geldes zu verschleiern. Richtstein roch den Braten nicht. Er überwies das Geld nach Liechtenstein, doch als er es von dort weiter transferieren wollte, war es bereits abgehoben. Alles. Einige Millionen. Für das Konto hatte die Frau, anders als für die Schweizer Konten, eine alleinige Verfügungsmacht, und die benutzte sie. Ihrem Mann, der einige Zeit später Informationen über den Verbleib des Geldes haben wollte, sagte sie, Richtstein habe es unterschlagen.

Richtstein erzählte dem Unternehmer, wie es wirklich war. Der, schon weit in den Achtzigern, glaubte seiner Frau. Da sich jedoch alle drei – der Unternehmer, seine Frau und Richtstein – strafbar gemacht hatten und jeder es vom anderen wusste, zeigte keiner den anderen an. Der Unternehmer, der kurz darauf von seiner Frau verlassen wurde, war aber nach wie vor wütend auf Richtstein, und glaubte immer noch die Geschichte von der Unterschlagung seines Geldes. Als er im Jahr darauf an Krebs erkrankte und keine große Lebenserwartung mehr hatte, zeigte er Richtstein an. Eigentlich wegen Unterschlagung, aber in dem Verfahren kam alles ans Tageslicht, auch einige weitere Fälle von Beihilfe, die Richtstein anderen Vermögenden bei der Verschleierung ihres Schwarzgeldes geleistet hatte. Insgesamt belief sich der Steuerschaden, zu dem Richtstein beigetragen hatte, auf über 200 Millionen Euro.

Ich denke nicht, dass es in erster Linie das Geld als Mittel für einen höheren Lebensstandard ist, was diese

Menschen zu Steuerhinterziehungen in großem Stil bewegt und es ihnen vor sich selbst vertretbar macht, von moralischen Grundsätzen abzuweichen. Der Zweck mag die Vergrößerung des Reichtums sein, aber legitimiert wird das gesellschaftsschädliche Verhalten vor allem dadurch, sich einer Gruppe von Menschen zugehörig zu fühlen, die den anerkennt, der Geld hat. Wenn etwas viel Geld einbringt, kann es also moralisch so schlecht gar nicht sein. Wenn innerhalb einer bestimmten Gruppe, der man sich zugehörig fühlt, bestimmte Moralvorstellungen herrschen, dann ist man leichter bereit, Außenstehenden gegenüber in einer Art und Weise zu handeln, die man alleine vielleicht nicht vertreten würde. Man fühlt sich über das Geld mit anderen Menschen verbunden wie der Nazischläger über seine Gesinnung mit seiner Clique oder das Mafiamitglied über die bandeninternen Regeln mit den anderen Mitgliedern. Geld korrumpiert insofern in solchen Fällen nicht die Moral, es ist die Leitschnur der Moral, mehr noch, es ist die Moral selbst. Und Richtstein verstieß nie gegen diese Moral.

III.

Ganz anders Anna. Mit Mitte zwanzig steckte sie voller Enthusiasmus und Idealismus. Sie war freundlich, aufgeschlossen und lebenszugewandt. Ihr Studienabschluss war hervorragend, sie hatte vor, nach einigen Jahren praktischer Tätigkeit noch Psychologie zu studieren. Wie man es oft so leicht dahinsagt: Sie glaubte an das Gute im Menschen. Sie nahm die stetige Mühe auf sich, die kaum einer ein Leben lang durchhält, in jedem Menschen die positiven Entwicklungsmöglichkeiten zu sehen. Den Umgang mit einer schlimmen Tat empfand sie nicht nur als individuelle Verantwortung des Täters, sondern auch als gesamtgesellschaftliche Pflicht. Dieses Menschenbild wird im Gefängnis seiner härtesten Prüfung unterzogen. Für wenige aber war die Prüfung so hart wie für Anna.

Jetzt war sie schwanger. Schwanger von Richtstein. Wie war es dazu gekommen?

IV.

»Ich bin noch nicht einmal in ihn verliebt.« Es war Anna anzumerken, dass sie selbst noch nicht einordnen konnte, warum es passiert war. Vor allem konnte sie es nicht akzeptieren. Die Wut, um es von sich fernzuhalten, kam allerdings zu spät. Sie ging ins Leere und würde sich bald gegen sie selbst richten, wenn sie keinen Weg fand, das Unvermeidbare anzunehmen.

»Aber du warst in ihn verliebt?«

»Ich glaube nicht, nein. Das ist vielleicht das Schlimmste an der Sache!«

Eine Vergewaltigung war es offenkundig nicht gewesen. Oder doch? Hatte sie nur Hemmungen, das zu sagen?

»War es gegen deinen Willen?«

Sie musste einige Momente nachdenken. »Nein …, obwohl, irgendwie schon. Es war keine Vergewaltigung, falls du das meinst. Es war schon einvernehmlich. Aber dass ich es gewollt hätte? Nein. Ich habe mich auch irgendwie dazu gezwungen und es jedenfalls aus anderen Gründen getan, als um mit ihm zu schlafen. Ich glaube, das trifft es am besten.«

»Und aus welchen Gründen?«

Langsam schien sie gedanklich etwas Halt zu finden. »Ich fand ihn am Anfang schon faszinierend. Keine Ahnung, warum. Er ist vom Aussehen her eigentlich überhaupt nicht mein Typ. Aber obwohl er viel älter ist, hatte ich das Gefühl, dass wir irgendwie auf einer Wellenlänge liegen. Ich hatte ja mehrere Gespräche mit ihm, weil es ihm solche Sorgen machte, dass seine Frau sich von ihm trennen wollte. Er hängt so an ihr und den gemeinsamen Kindern. Ich hatte wirklich das Gefühl, es tut ihm aufrichtig leid, dass seine Familie unter seinen Fehlern bei der Anlage der Gelder seiner Klienten leiden muss.«

Ich wusste, dass Richtstein nicht nur regelmäßig Besuch von seiner Ehefrau, sondern auch von einer Geliebten bekam, behielt es aber für mich.

»Wir konnten uns so gut unterhalten. Über Gott und die Welt. Über Beziehungen, Familie, Liebe. Er hat auch mich und meine Probleme verstanden. Wirklich! Mir ist schon klar, dass das nun, im Nachhinein, in einem anderen Licht erscheint, aber bitte glaube mir, er hat mich wirklich verstanden! Und wer tut das schon? Wie oft hast du das Gefühl, von jemandem wirklich verstanden zu werden?«

In diesem Moment hatte ich zumindest das Gefühl, sie gut zu verstehen.

»Wir waren oft zusammen bei ihm auf dem Haftraum, weil er mir da die Fotos von seinen Kindern zeigen wollte. Und irgendwann hat er mich dann umarmt, und er hat viel geweint und tat mir leid. Wie ein Kind, das sich nach der Zuwendung der Mutter sehnt. Aber es war nicht nur das. Ich war auch wütend über diesen Scheißknast. Der macht so viel kaputt. Er zerstört Familien, Beziehungen, Menschen. Wer hat was davon, dass Richtstein jahrelang weggesperrt ist? Ich glaube, ich habe noch nie etwas Verbotenes getan. Etwas richtig Verbotenes. Und da, in dem Haftraum, da war so ein Gefühl, wir zwei gegen das System. Und ich habe doch niemandem geschadet.«

V.

Es gehört zum Schwierigsten an der Arbeit im Gefängnis, das Verhältnis von Nähe und Distanz zu den Gefangenen so auszutarieren, dass man einerseits selbst damit leben kann und andererseits den Gesetzen und sonstigen Vorschriften des Strafvollzuges entspricht. Die eigenen Gefühle und Befindlichkeiten ganz außer Acht zu lassen, ist in der Arbeit mit Menschen, ob das nun im Krankenhaus, in der Schule oder im Gefängnis ist, unmöglich. Eine Resozialisierung, also die Integration von Straftätern in die Gesellschaft, setzt voraus, dass Straffällige grundsätzlich als gleichwertige Menschen mit allen Rechten und Pflichten von Mitgliedern einer Gesellschaft anerkannt werden. Das klingt selbstverständlich, ist es aber nicht. Wenn man ehrlich zu sich selbst ist und diesen Grundsatz zum Beispiel bei einem Mörder zur Anwendung bringt, beschleicht einen da nicht instinktiv der Gedanke, dieser sei menschlich weniger wert als die, die sich nicht eines solchen Verbrechens schuldig gemacht haben? Wenn aber ein Straftäter schon in der Haft nicht als Mensch gesehen und behandelt wird, kann dies erst recht nicht danach gelingen. Jemanden als Menschen zu behandeln setzt voraus, sich auch gefühlsmäßig auf ihn einzulassen.

Zu viel der Nähe aber kann einem selbst schaden, wenn man etwa zu stark mit jedem Inhaftierten und seinen Problemen mitleidet, und es kann dem gesetzlichen

Auftrag schaden, wenn man zum Beispiel aus Wut über einen Inhaftierten oder seine Straftaten dessen Resozialisierungsbemühungen torpediert oder Gefangene bevorzugt, die man sympathisch findet. Jegliche Geschäfte mit Inhaftierten oder die Annahme von Geschenken sind ohnehin rechtlich untersagt. Erst recht gilt das für partnerschaftliche Beziehungen, bereits das Duzen von Gefangenen ist verboten. Jeder von ihnen muss mit »Sie« angesprochen werden.

Besonders skandalträchtig ist es immer wieder, wenn ein Beamter eine Beziehung mit einer weiblichen Gefangenen hat. Die umgekehrten Fälle sind allerdings mindestens genauso häufig, schon weil eben die weitaus meisten Gefangenen Männer sind und im Strafvollzug in allen Bereichen zunehmend mehr Frauen tätig sind. Als Psychologinnen, Sozialarbeiterinnen, im allgemeinen Vollzugsdienst oder im Bereich der Verwaltung und Anstaltsleitung.

Selten ging es so weit wie im Fall von Anna, und selten offenbarten sich Kolleginnen überhaupt, wenn sie sich auf eine Beziehung mit einem Gefangenen eingelassen hatten. Auch wenn eine Kollegin das Gefühl hatte, dass sich ein Gefangener in sie verliebt hatte, konnte das problematisch werden. Je nachdem, was dieser Gefangene für ein Mensch war, konnte eine unerwiderte Liebe durchaus Gefahrenpotenzial bergen. In jedem Fall aber wurde eine professionelle Zusammenarbeit in solchen Fällen sehr erschwert, sodass dann meist der Gefangene in einen anderen Zuständigkeitsbereich verlegt wurde.

Besonders schwierig war das alles im Fall von Gacela. Die junge Schweizer Psychologin mit spanischen Wurzeln, die vorher als Öffentlichkeitsreferentin einer christlichen Glaubensgemeinschaft tätig war,

war ihrem Lebensgefährten zuliebe nach Deutschland gezogen und hatte im Strafvollzug zu arbeiten begonnen. Das »Problem« an der Sache: Gacela war außergewöhnlich attraktiv. Sie zog mit ihrem Schweizer Dialekt, ihrem Humor und ihrer Schlagfertigkeit alle in ihren Bann, die Gefangenen wie die Beamten. Sie hatte ihr Büro in einem Hafthaus, direkt im Unterkunftsbereich der Gefangenen. Jeder wusste, wann sie am Morgen kam und abends wieder ging, sodass sich um diese Zeiten auffallend viele Gefangene – und auch Beamte – in der Nähe tummelten, um sie zumindest zu Gesicht zu bekommen. Sie erhielt Anträge und Schreiben von Inhaftierten mit Komplimenten oder auch anzüglichen Bemerkungen und ging damit souverän und professionell um. Besonders ein Gefangener, der wegen des Mordes an seiner Verlobten, die sich von ihm trennen wollte, zu einer lebenslangen Freiheitsstrafe verurteilt worden war, hatte ein Auge auf sie geworfen. Er meldete sich mit allen möglichen, oft an den Haaren herbeigezogenen Anliegen zu ihrer Sprechstunde. Auch schrieb er ihr täglich mehrere Briefe, nannte sie »mein Höllenengel«, dichtete für sie Verse. Anfangs waren diese Gedichte und Briefe noch mit zahllosen Herzchen, Abziehbildern von Blumen und Ähnlichem verziert. Als aber von ihr nicht die Reaktionen kamen, die er sich erhoffte, wurde sein Ton immer drängender, schließlich aggressiv, sodass sie – auch angesichts der Straftat, für die er inhaftiert war – befürchtete, die Situation könne eskalieren. Sie meldete den Vorgang offiziell. Damit wurde eine Lawine in Gang gesetzt, die kaum noch zu stoppen war. Der Gefangene konnte nicht verlegt werden, da er in allen Anstalten, die von ihrem Sicherheitsniveau für lebenslang Inhaftierte wie ihn in Betracht kamen, schon gewesen und wegverlegt worden war, weil er Beamten und anderen Gefangenen massive Probleme bereitete. Auch innerhalb der Anstalt war eine Verlegung des Gefangenen aus ähnlichen Gründen nicht möglich. Gacela musste also geschützt werden. Die Vorschläge, einen Beamten dauerhaft für ihr Büro abzustellen oder das Büro mit einer Kamera überwachen zu lassen, lehnte sie ab, das würde, meinte sie, ihr die psychologische Arbeit mit den Inhaftierten fast unmöglich machen. Gegen ihren Willen wurde schließlich entschieden, eine Art Bankschalter in ihr Büro einzubauen – mit Panzerglas. Für den Bereich hinter der Schalterfläche brauchte man einen Schlüssel. Sicher ist sicher. In dieser Atmosphäre sollten von nun an also die psychologischen Behandlungsgespräche stattfinden.

Um solche Situationen, aber auch solche »Lösungen« zu vermeiden, versuchen nicht wenige Beamte, den ständigen Konflikt von Nähe und Distanz in den Griff zu bekommen, indem sie sich hinter Vorschriften und formalen Regeln als einer Art unsichtbarem Bankschalter mit Panzerglas zu verstecken. Hinzu kommt der Umstand, dass bei allen Bemühungen, in den Anstalten ein menschliches Klima zu schaffen, das Verhältnis zwischen Gefangenen und Bediensteten keines auf Augenhöhe sein kann. Der fundamentale Machtunterschied kann nicht ausgeblendet werden, ein »wirkliches« menschliches Miteinander zwischen Bediensteten und Gefangenen im Gefängnis so nicht entstehen. Das wirkt sich auch auf das Miteinander unter den Bediensteten aus. Zusätzlich trägt die hierarchische Struktur dazu bei, dass nur selten ein komplexer Teamgeist entsteht.

Vielleicht war Annas Verhalten auch der Versuch, das Menschliche mit Gewalt gegen das Formale durchzusetzen. Das Formale würde sich nun mit aller Gewalt wehren.

VI.

In aller Regel werden Gefängnismitarbeiter, die einvernehmlichen sexuellen Kontakt mit Gefangenen hatten, wegen sexuellen Missbrauchs verurteilt. Das hat die Entfernung aus dem Dienst und eine Freiheitsstrafe von bis zu fünf Jahren zur Folge. Selbst wenn der Beziehung eine, was immer das auch konkret sein soll, Liebesbeziehung zugrunde lag. Man darf nicht immer lieben, wen man will. Das Recht geht davon aus, dass die Beziehung, so einvernehmlich sie auch ist, unter Ausnutzung des Zwangskontextes entstanden ist. Hier war es eher so, dass Richtstein den Zwangskontext ausgenutzt hat. Ob aber ein Gericht dies je verstehen würde?

Hinter der Trennscheibe

I.

Die allermeisten Gefangenen sind, man kann es nicht oft genug sagen, Menschen, die sehr früh im Leben mit Schwierigkeiten zu kämpfen hatten, von denen der Durchschnitt der Bevölkerung verschont bleibt. Sehr viele wachsen ohne ihren leiblichen Vater auf, viele auch in Pflegefamilien oder Heimen. Ein Großteil der Gefangenen hat Gewalt, Missbrauch und emotionale Vernachlässigung von frühester Kindheit an erleben müssen. Die Fähigkeit, eigene Bedürfnisse zu erfüllen, ohne die Bedürfnisse und Interessen von anderen und damit deren Rechte zu verletzen, kann oft gar nicht erworben beziehungsweise ausgebaut werden. Sie ist dem Menschen nicht angeboren, sondern abhängig von den sozialen Verhältnissen. Über alle psychologischen, pädagogischen und therapeutischen Schulen hinweg ist anerkannt, dass soziales Lernen ein Leben lang, im Besonderen aber während der Kindheit einen starken Einfluss auf unser Verhalten hat. Wenn man nur geschlagen, missbraucht, missachtet wird, wie soll man da lernen, sich anders zu verhalten? Und wenn die eigenen Bedürfnisse immer wieder von der Außenwelt übergangen werden, wie soll man da die innere Stärke erwerben, die notwendig ist, um die Rechte anderer zu achten? In vielen Fällen erscheint es nicht nur fast zwingend, dass derart sozialisierte Menschen irgendwann selbst andere schädigen, es ist oft genug sogar erstaunlich, dass sie, nach allem, was sie selbst erlebt haben, nicht noch viel Schlimmeres getan haben.

Oft führen diese Menschen ein Leben am Rande der Gesellschaft, sie missbrauchen früh Alkohol und Drogen, erwerben keinen Schul- oder Berufsabschluss und werden mit Diebstählen, Drogendelikten, Schwarzfahren, kleineren Körperverletzungen und Ähnlichem schon im Jugendalter straffällig. Ihr soziales Umfeld als Erwachsene ist naturgemäß auch im Randbereich angesiedelt, in dem Verhaltensweisen, die in der »guten« Gesellschaft als abnormal gelten, zur Norm gehören. Man hält sich mit Gelegenheitsjobs oder Sozialhilfe über Wasser, konsumiert oft schon am Vormittag Alkohol oder Drogen, führt keine, oberflächliche oder schnell wechselnde Partnerschaften, bildet sich kaum weiter und interessiert sich wenig für Politik oder Kultur. Viele der Normbrüche und Straftaten, die Menschen in diesem Milieu begehen, begehen sie aneinander. Da schlägt dann einer dem anderen im Vollrausch die Bierflasche über den Kopf und wird wegen gefährlicher Körperverletzung zu einer jahrelangen Haftstrafe verurteilt. Bis dahin nahm die Gesellschaft kaum Notiz von ihm. Und von seinem Opfer wohlgemerkt ebenso wenig. Aus diesem Milieu herauszukommen, ist unendlich schwierig. Auch, weil es ein starkes Bedürfnis des Menschen ist, irgendwo »dazuzugehören«. Aber in den allermeisten Fällen bleiben diese Menschen Außenseiter. Ich habe von vielen Gefangenen gehört, dass sie unbedingt herauskommen wollten aus ihrem Umfeld von Drogen, Kleinkriminalität, Hoffnungslosigkeit. Aber wohin? Und drogensüchtige oder falsche Freunde sind besser als gar keine Freunde.

Sind sie einer Straftat überführt und verurteilt, werden sie weggesperrt, zusammen mit hunderten von anderen Straftätern. Tag für Tag, Monat für Monat, Jahr für Jahr. Auf engstem Raum. Zusammen arbeiten, zusammen Sport treiben, zusammen die Freizeit verbringen, zusammen im Wartezimmer des Arztes auf einen Termin warten, zusammen am Sonntag den Gottesdienst besuchen, zusammen im Besucherbereich auf die Besucher warten, zusammen die Gemeinschaftsduschen benutzen. Eine Stunde am Tag Aufenthalt im Freien, der sogenannte Hofgang. Wieder mit denselben Männern im Kreis gehen, etwas Fußball spielen oder joggen. Teilweise, wie in der JVA Amberg, zu acht in einem Haftraum untergebracht, mit einer Wartezeit für einen Einzelhaftraum von bis zu einem Jahr oder länger. Da wird dann auch zusammen ferngesehen, die Nacht zusammen verbracht und dieselbe Toilette benutzt. Bis vor wenigen Jahren waren in einigen Bundesländern in Hafträumen für zwei Personen die Toiletten nicht ordentlich abgetrennt, sondern befanden sich lediglich hinter einer hüfthohen Mauer. Da ging dann einer auf die Toilette, während der andere direkt daneben sein Abendessen einnahm. Abgeschafft wurde dies in erster Linie, weil die Rechtsprechung, nicht die Justizverwaltungen selbst, entsprechend Druck gemacht hat.

In dieser totalen Institution Gefängnis lernt man nicht nur ein von der Norm abweichendes Verhalten, sondern die Lebensart und die Einstellung von Menschen, die sich so stark normabweichend verhalten haben, dass sie sogar bestraft worden sind. Im Knast lernen also Straftäter von Straftätern, nicht zu Unrecht wird er daher auch als die Schule des Verbrechens bezeichnet. Kunze war ein solcher Schüler des Verbrechens. Mit Mitte zwanzig saß er zum zweiten Mal in Haft, dieses Mal für fast drei Jahre.

II.

Das Schlimmste an seinen Tagen war die Monotonie. Jeden Tag das Gleiche. Schleppend, zäh, auf der Suche nach Höhepunkten, die sich nur kurz im Rausch einstellten und teuer bezahlt werden mussten. Wohin mit seiner Energie? Zuletzt war er als ungelernter Helfer auf dem Bau beschäftigt, mit einem befristeten Arbeitsvertrag. Dieser wurde nach mehreren Befristungen nicht verlängert, obwohl Kunze gut arbeitete, keinen Tag fehlte und mit dieser schweren Tätigkeit nicht viel mehr als ein Sozialhilfeempfänger verdiente. Der Firmeninhaber übernahm einen Kollegen mit formal besseren Qualifikationen. Kunze fühlte sich ausgenutzt und aussortiert. Wieder einmal. Er hatte gerade mit großen Kraftanstrengungen begonnen, etwas Fuß zu fassen. Doch er würde sich nie, wie viele andere, den Fluss des Lebens mit einer gewissen Leichtigkeit und Selbstverständlichkeit vorantreiben lassen können, sondern immer selbst rudern müssen. Schwer und hart rudern. Und immer wieder zurückgetrieben werden. Er würde sich immer mehr mit den eigenen Problemen beschäftigen müssen und auf sich selbst zurückgeworfen werden, wo andere sich zum Beispiel um ihre Karriere kümmern und darin aufgehen konnten. Sein Floß, um im Bild zu bleiben, war unstabil und anfällig, es ging ständig wieder kaputt und musste mühsam am Ufer repariert oder ganz neu gebaut werden. Seine ganze Energie ging dafür drauf, nicht unterzugehen. In der Zeit ging es für die anderen, die ihm ohnehin schon weit voraus waren, weiter, immer weiter, oft mit spielerischer Leichtigkeit. Wer sollte da zum Ufer fahren, sein Floß verlassen, und den ganzen Weg zurückgehen, um Kunze bei der Reparatur zu helfen? Welche Vorteile sollte man daraus ziehen? Es würde einen doch nur selbst aufhalten.

Das alles war Kunze längst gewohnt. Er kannte es nicht anders und schloss sich mit denjenigen zusammen, denen es genauso ging. Wenn aber, wie jetzt, sich auch noch jemand auf sein Floß setzte, ihn rudern ließ und ihn dann am Ufer zurückließ, um sich auf ein schnelleres Floß zu begeben, dann war das besonders deprimierend. Und es gab niemanden, der am Ufer auf Kunze wartete und ihm Kraft hätte geben können. Niemanden und nichts. Keine Familie, keine Lebensgefährtin. Keine echten Freunde, nur die anderen Gestrandeten, die selbst Halt brauchten und wenig Halt geben konnten. Er hatte keine wirklichen Interessen oder Hobbys, und er hatte gerade genug Geld, um zu überleben, aber nicht genug, um wirklich »mitzuleben«. Er fing wieder an, stark zu trinken. Seinen Alkoholkonsum hatte er während der Arbeit auf dem Bau besser unter Kontrolle bekommen. Tagsüber trank er überhaupt nichts, das war inzwischen auch auf dem Bau verpönt, in seiner Firma sogar ausdrücklich verboten. Nur abends, nach der Arbeit, trank er, am liebsten alleine. Er sah fern und dachte, dass das, was er da sah, das Leben aufwärts des Flusses war, wo er nie hinkommen würde. Zwei- oder dreimal in der Woche hatte er Crystal genommen, ohne das er die Arbeit nicht durchgestanden hätte. Dieses Teufelszeug ist schlimmer als Heroin, Kokain oder Alkohol. Es hatte ihn wohl endgültig zum Suchtkranken gemacht. Crystal Meth, oder richtig Methamphetamin, war in Deutschland im Zweiten Weltkrieg unter der Bezeichnung »Pervitin« (unter anderem in Form der »Panzerschokolade«) populär geworden. Die synthetisch hergestellte Substanz half, das Letzte an Leistungsfähigkeit aus Gehirn und Körper herauszuholen, und dämpfte Angst, Hungergefühl, Müdigkeit und Schmerzen. Auch Bergsteiger und andere Menschen, die für einen bestimmten Zeitraum oder eine bestimmte Aufgabe extreme Leistungen vollbringen mussten, nahmen Pervitin. So nimmt es kaum Wunder, dass Crystal zur Droge unserer Zeit geworden ist, in der extreme Leistungen zur Norm gehören. Die Ermüdung von Seele und Körper wird allerdings auch durch Crystal nicht aufgehoben, sondern lediglich aufgeschoben. Irgendwann kommt es zum Zusammenbruch und zur Depression. Bei Menschen, die unter starker Hyperaktivität leiden, kann Crystal auch die gegenteilige Wirkung haben und eher beruhigend wirken. Diese Droge, die geschnupft, geraucht oder injiziert werden kann, ist auch deshalb so gefährlich, weil sie sehr schnell und stark abhängig macht. Oft schon nach einmaligem Konsum. Bei starkem und chronischem Konsum kommt es meist zu einem schleichenden körperlichen und psychischen Verfall, viele Gehirnfunktionen können irreparabel zerstört werden, was oft eine Therapie außerordentlich erschwert. Für Menschen, die sich damit auskennen, ist es relativ leicht, Crystal herzustellen. Die Preise liegen zwischen 5 bis 10 Euro pro Portion. Crystal wird mittlerweile zu den gefährlichsten Drogen weltweit gerechnet, und es wird in allen Kreisen konsumiert. Von Studenten im Prüfungsstress, von Managern und Politikern, von Hausfrauen, von Partygängern. Besonders aber von denen, für die es eine tägliche Extremleistung ist, überhaupt einigermaßen in unserer Leistungsgesellschaft mitzuhalten. Die den Crystal-Rausch brauchen, um sich zumindest gelegentlich stark und selbstbewusst zu fühlen. In zahlreichen Gefängnissen ist Crystal längst die Droge Nr. 1. Zumindest unter den Inhaftierten. Bei den Bediensteten ist es der Alkohol.

Kunzes Drogenkonsum wurde, als er die Arbeit verlor, wieder viel, viel schlimmer. Er nahm täglich Drogen und begann, vormittags zu trinken. Eine bis zwei Flaschen Schnaps und sechs bis zehn Bier waren seine normale Tagesdosis. Dazu Crystal, Cannabis, ab und zu Heroin. Alles besser als diese Monotonie, diese Leere, diesen Frust bei vollem Bewusstsein ertragen zu müssen. Er hing nun meistens mit anderen am Bahnhof herum und musste sich das Geld für seinen Drogenkonsum mit Dealen verdienen. Die Leute, mit denen er zusammen war, waren immer die gleichen. Es gab eine Zeit am Tage, da war die Stimmung gut, meist für zwei, höchstens drei Stunden, in denen sie gemeinsam einen Pegel erreicht hatten, der Frieden mit sich selbst und den anderen verschaffte. Dann aber begann es zu kippen. Jeder Versuch, durch noch mehr Alkohol, durch noch mehr Drogen dieses Gefühl zurückzuholen, führte unweigerlich genau in die andere Richtung, zu Frust und Aggression. So lange, bis irgendwann jedes Gefühl und schließlich das Bewusstsein so betäubt waren, dass nur noch ein vollnarkotisierter, komatöser Schlaf etwas

Ruhe gab, um am nächsten Tag wieder von vorne anzufangen.

An einem solchen Tage, am frühen Nachmittag, die Stimmung war bereits gekippt, entriss einer seiner Trinkkumpane Kunze die Schnapsflasche und rannte weg. Kunze war schon zu berauscht, um ihn einholen zu können. Die anderen lachten ihn aus, schubsten ihn und beschimpften ihn als »Opfer« und »Weichei«. Kunze war wütend, aber viel zu schwach, um sich zu wehren. Er verließ die Gruppe. Er hatte kein Geld mehr, tatsächlich keinen einzigen Cent, und nicht mehr die Kraft, Pfandflaschen zu sammeln und gegen eine volle Flasche Schnaps einzutauschen. Aber er brauchte etwas, um sich zu betäuben. Der Schmerz und der Frust waren nicht auszuhalten. Wenn kaum noch Kraft im Körper ist und fast nichts mehr empfunden und wahrgenommen werden kann, dann ist da immer noch Platz für einen, der diesen letzten Platz unerbittlich besetzt: den Schmerz. Dieser Schmerz hatte Kunze nun unbarmherzig in seiner Gewalt. Er brauchte etwas zu trinken. Unbedingt. Koste es, was es wolle.

Er ging in einen Supermarkt. In seinem berauschten und heruntergekommenen Zustand, ohne jeden Cent in der Tasche, keine so gute Idee. Er konnte nichts kaufen, nicht das Geringste, um zumindest irgendwie den Eindruck zu vermitteln, zu diesem Zweck in den Supermarkt gekommen zu sein. Er sah schlicht und einfach aus wie jemand, der gekommen war, um Schnaps zu stehlen. Vielleicht wollte er auch genauso aussehen, und vielleicht wollte er genau das, was dann kam. Er schlenderte auffällig unauffällig durch den Markt, nahm hin und wieder eine Dose oder eine Packung aus dem Regal, wie um die Inhaltsstoffe zu studieren, und stellte dann alles wieder zurück. Wie zufällig kam er im Getränkebereich an den Regalen mit Whisky, Wodka und Schnaps vorbei. Die teureren Flaschen waren in Glasvitrinen eingesperrt, wie Schmuck oder wertvolle Uhren. Nur die ganz billigen Marken waren frei zugänglich. Kunze nahm auch hier einige Flaschen in die Hand, musterte sie und stellte sie wieder zurück ins Regal. Eine stellte er nicht zurück. Er steckte eine flache 0,75-Liter-Flasche Schnaps zum Preis von knapp zehn Euro in die Innentasche seines Mantels, als er sich unbeobachtet fühlte. Er wurde aber beobachtet. Vom Supermarktdetektiv. Der fing ihn ab, als Kunze den Markt verlassen wollte, so als habe er nicht das gefunden, was er gesucht hatte. Der Detektiv bat Kunze, mit in sein Büro zu kommen. Als Kunze weglaufen wollte, hielt er ihn am Arm fest. Kunze wollte sich losreißen. Als dies nicht gelang, entzündete sich die ganze Wut und Verzweiflung dieses Tages, vieler Tage, in einem Faustschlag ins Gesicht des Detektivs. Dieser, der nur seine Arbeit machte, für die er nicht viel mehr bekam als das, was Kunze als Arbeitslosengeld bezog, wurde körperlich nur leicht verletzt, brauchte später aber einige Wochen, um sich psychisch von dem Geschehen zu erholen. Inzwischen waren mehrere Supermarktkunden und Passanten zur Stelle. Sie rangen Kunze, der längst jeden Widerstand aufgegeben hatte, zu Boden. Obwohl er keine Anstalten machte, sich überhaupt zu bewegen, und fast apathisch wirkte, saßen drei Männer auf Kunze, der mit dem Bauch auf dem Boden lag. Der Detektiv hatte ihm den Arm auf den Rücken gedreht und alarmierte mit seinem Handy die Polizei. Immer mehr Schaulustige umstellten das Geschehen, und einige Männer bildeten demonstrativ einen Kreis um das Menschenknäuel auf Herrn Kunze, falls es diesem wider alle Erwartungen gelingen sollte, sich zu befreien. Zivilcourage scheint sich, wie die Gewalt, oft den einfachsten Weg zu suchen.

Was Kunze getan hatte, fiel strafrechtlich unter »räuberischen Diebstahl«, denn er hatte Gewalt angewendet, als er bei einem Diebstahl auf frischer Tat ertappt wurde. In minder schweren Fällen bedeutet das eine Freiheitsstrafe von sechs Monaten bis zu fünf Jahren. Zudem hatte man in seiner Wohnung noch erhebliche Mengen an Crystal und anderen chemischen Drogen gefunden. Auch aufgrund seiner Vorstrafen wurde Kunze daher zu einer über dreijährigen Freiheitsstrafe verurteilt.

III.

Kunze war in nüchternem Zustand ein durch und durch sympathischer Kerl – offen und freundlich, ohne manipulativ zu sein. Er sagte geradeheraus, was er dachte oder wollte. Diese Offenheit war, wie man sich vorstellen kann, nicht immer zu seinem Vorteil. Und man merkte an den unmittelbaren Ausbrüchen seiner Emotionen, dass er mit sich selbst Probleme hatte. Lachen und Weinen lagen bei ihm so nah beieinander, wie man es sonst nur bei Kindern erlebt. Das Weinen überwog allerdings. Er schien nicht in der Lage zu sein, seine Emotionen zu regulieren, um sie nicht zu schmerzhaft werden zu lassen. So war er ein Störfaktor in unserer sozialen Welt, die letztlich darauf gebaut ist, dass der Einzelne seine Emotionen nur gebremst und im Einklang mit denen der anderen auslebt. Kunze stand, was ganz selten vorkommt, ehrlich dazu, auch in Haft nicht von den Drogen lassen zu können. Wie sollte er auch? Sucht ist eine anerkannte Krankheit, und Kunze war schwer süchtig. Seit seinem zwölften Lebensjahr hatte er Drogen konsumiert.

Drogen sind in jedem Gefängnis der Welt zu bekommen, egal, wie scharf die Sicherheitsmaßnahmen sind, und Süchtige sind gerade dann in Gefahr, etwas zu konsumieren, wenn sie unter Stress geraten. Und Knast bedeutet Stress. Gefangene berichten immer wieder, dass gerade die ersten Monate furchtbar seien. Von einem Tag auf den anderen aus dem normalen Leben herausgerissen und weggesperrt. In düsteren, herzlosen Zweckgebäuden, zusammen mit Menschen, die man sich nicht aussuchen kann. Die Kleidung ist vorgeschrieben, der Tagesablauf minutiös von anderen geplant, gegessen werden muss das, was auf den Tisch kommt. Den Anweisungen des Personals muss Folge geleistet werden. Es gibt nicht die Möglichkeit, die für die Menschen in Freiheit selbstverständlich ist, jederzeit Kontakt zu anderen Menschen aufzunehmen, Freunde oder Familienmitglieder zu besuchen, anzurufen oder ihnen eine E-Mail zu schicken. Handys sind im Gefängnis nach wie vor verboten, einen Internetzugang gibt es nur in Ausnahmefällen und dann auch nur für bestimmte Seiten, etwa zur Wohnungssuche bei der Entlassungsvorbereitung. In Bayern beispielsweise ist das Telefonieren nur auf Antrag und in begründeten Ausnahmefällen möglich, hier sind Gefangene auf den Besuch ihrer Angehörigen oder auf den Schriftverkehr angewiesen. In Sachsen und anderen Bundesländern gibt es immerhin Telefonzellen, von denen aus die Gefangenen in beschränktem Maße telefonieren können. Sie können jedoch nicht angerufen werden, sitzen also oft wie auf Kohlen, wenn etwa ein Angehöriger eine Operation oder einen Unfall hatte. Das alles führt dazu, dass suchtkranke Gefangene wie Kunze auch im Gefängnis weiter konsumieren und andere dort erst suchtkrank werden. Meist können sie das mehr oder weniger gut verbergen, ab und zu werden kleine Verbrauchsmengen bei ihnen gefunden, gelegentlich müssen sie Urin zur Kontrolle auf Drogen abgeben und sind positiv. Wer erwischt wird, hat mit Disziplinarmaßnahmen wie dem Entzug der monatlichen Einkaufsmöglichkeit zu rechnen. Außerdem kommt er bis auf Weiteres für Lockerungen des Vollzuges, also für ein zeitweiliges Verlassen der Anstalt zum Arbeiten oder für einen Ausgang, nicht mehr in Betracht. Viele, die in der Haft mit Drogen auffallen, belastet es am stärksten, dass sie ihren Besuch nur noch hinter einer Trennscheibe empfangen dürfen. Das heißt, keine Umarmungen mehr, keine Küsse, nicht einmal ein Händedruck. Besonders bitter ist dies für Gefangene mit kleinen Kindern – und für die Kinder. Kinder von Inhaftierten werden deutlich häufiger als der Durchschnitt der Bevölkerung straffällig. Das hat verschiedene und komplexe Ursachen, aber die Trennung vom Vater mit der einzigen Möglichkeit, ihn einige Stunden im Monat, gegebenenfalls eben hinter der Trennscheibe, zu besuchen, darf wohl dazugezählt werden. Bei Kunze galt diese Trennscheibenregelung seit gut einem Jahr. Er hatte von vornherein gesagt, dass er weiter Drogen konsumieren würde, und musste daher regelmäßig Urin zur Kontrolle abgeben. Er war jedes Mal positiv, meistens auf Crystal, manchmal auch auf Cannabis und Heroin. Nun wollte er davon wegkommen. Nicht unbedingt von den Drogen, aber von der Trennscheibe.

IV.

Kunze hatte einen Sohn, der achr Jahre alt war. Er hatte mir oft von ihm erzählt. Der Sohn war sein Ein und Alles, auf ihn projizierte er all seine positiven Emotionen. Die Liebe zu ihm war völlig ungetrübt, denn sie musste sich nicht gegenüber den Widersprüchen des Alltags, der Realität, behaupten. Wohin auch sonst sollte sich seine Liebe richten? Es war wohl auch der Versuch, das in seinem Sohn zu idealisieren, was ihm selbst verwehrt worden war: eine Kindheit. Etwas, worauf er Anspruch gehabt hätte, wie jeder andere auch. Und eine Idealisierung musste sein Bild von seinem Sohn sein, denn er hatte ihn seit Jahren nicht gesehen. Die Mutter des Jungen, seine ehemalige Lebensgefährtin, wobei das schon zu viel gesagt ist, verhinderte das. Erst in der Haft bekam er durch die Unterstützung eines Sozialarbeiters die Adresse seines Sohnes heraus und konnte ihm regelmäßig schreiben. Auch überwies er ihm den Großteil des Geldes, das er im Gefängnis verdiente. Der Sohn schrieb auch zurück, und irgendwie muss es Kunze gelungen sein, seine Exfreundin zu überzeugen, ihn zusammen mit dem Jungen zu besuchen. Er bat, vielmehr er flehte uns nun an, die Trennscheibe zumindest beim Besuch seines Sohnes aufzuheben. Nur einmal, ein einziges Mal! So lange hatte er ihn nicht gesehen, und es war unwahrscheinlich, dass seine Exfreundin, die weit entfernt wohnte, ihn so bald wieder zusammen mit dem Sohn besuchen würde. Es gibt Beamte, die derartige Bitten von Gefangenen mit den Worten quittieren: »Das hätten Sie sich überlegen müssen, bevor Sie straffällig geworden sind. Da haben Sie ja auch nicht an Ihr Kind gedacht!« Möglicherweise ist diese Einstellung auch ein für die Arbeit im Gefängnis notwendiger

Selbstschutz. Zu viel Mitgefühl wird irgendwann zum Mitleid, einem Leid im wahrsten Sinne des Wortes. Den meisten Beamten geht es aber auch nach jahrzehntelanger Arbeit im Strafvollzug immer noch besonders nahe, wenn Kinder betroffen sind. Es wird dann versucht, alles möglich zu machen. Dem sind allerdings schnell Grenzen gesetzt durch eine weitere Eigenart der totalen Institution Gefängnis: Es gibt so gut wie keine Geheimnisse. Zumindest nicht über das, was in der Anstalt passiert. Irgendwann kennt fast jeder jeden. Es spricht sich blitzschnell herum, wenn einem Gefangenen etwas genehmigt worden ist, das anderen, bei im Wesentlichen gleichen Sachverhalten, nicht genehmigt wird. Das ist dann nicht nur juristisch angreifbar, sondern kann auch schnell zu Unruhen in der Anstalt führen. Was man also einem gibt, muss man allen geben. Vereinbarungen wie »Das bleibt aber unter uns!« haben keinen Bestand. Selbst wenn der betroffene Gefangene nichts weitererzählt, bekommen es immer auch andere mit, von wem er besucht wird und ob er mit Trennscheibe oder ohne Besuch empfängt. Und da ging das Problem los. Wenn wir jetzt bei Kunze die Trennscheibe aufheben würden, obwohl anstaltsbekannt war, dass er regelmäßig Drogen konsumierte, könnten wir die Trennscheibe anderen Gefangenen gegenüber kaum noch vertreten. Kinder hatten viele. Und wenn wir die Trennscheibe ganz aufgeben würden, würden noch mehr Drogen in die Anstalt geschmuggelt, und spätestens beim nächsten Drogentoten wäre der Aufschrei groß, warum die JVA so wenig gegen das Einbringen von Drogen unternimmt. Solche Anklagen kommen übrigens auch von den Gefangenen selbst.

Die Natur des Strafvollzugs, in dem die Gefangenen gegen ihre hauptsächliche, existenzielle Belastung – sich nicht frei bewegen zu können – kaum etwas tun können, bringt es mit sich, dass zahlreiche andere Bereiche gesucht und gefunden werden, in denen das System und die Anstalt argumentativ und mit Beschwerden, Anträgen auf gerichtliche Entscheidung, Landtagseingaben oder Anzeigen bei Polizei oder Staatsanwaltschaft angegriffen werden. Manchmal stecken tatsächlich sachliche, konstruktive Anliegen dahinter, aber meist handelt es sich um klassische Nebenkriegsschauplätze. Ein solcher Schauplatz ist auch der anstaltsinterne Drogenhandel. Nicht wenige Gefangene beschweren sich, dass zu viele Drogen im Umlauf seien. Das sind oft die, die selbst konsumieren und Handel treiben, und die dann der Anstalt dafür die Schuld geben wollen, dass sie nicht von den Drogen wegkommen. Es ist aber eben ein Punkt, in dem das System angreifbar, verletzlich ist. Ein anonymes Schreiben von Gefangenen an die Presse, dass es keine oder viel zu lasche Drogenkontrollen gäbe, oder gar die Weitergabe einer Videoaufnahme mit einem reingeschmuggelten Handy an die Medien, auf der sich ein Gefangener im Haftraum Heroin spritzt, können ganz erheblichen Druck auf die Anstalt und die Landesjustizvollzugsverwaltung auslösen. Die Öffentlichkeit ist empört: Wie kann das sein, warum gibt es überhaupt im Gefängnis Drogen? Wird das vielleicht von offizieller Seite sogar gefördert, damit die Gefangenen ruhig gestellt werden? Dann muss man argumentieren können, alles faktisch und rechtlich Mögliche gegen das Einbringen von Drogen zu unternehmen. Die Berücksichtigung dieser verschiedenen politischen Aspekte bei einer Entscheidung im Einzelfall kann zu einem ungerechten, manchmal auch unmenschlichen Ergebnis führen.

Der Besuch von Kunzes Exfreundin mit dem Sohn sollte in den nächsten Wochen stattfinden. Keiner wusste, ob sie in einem halben Jahr noch dazu bereit wäre. So lange dauerte es aber normalerweise, bis die Trennscheibe wieder aufgehoben wurde, wenn der Häftling negativ auf Drogen getestet wurde. Wir mussten also die Hürden für Kunze so hoch setzen, dass andere Gefangene lieber die sechsmonatige Wartefrist in Kauf nehmen würden, als sich auf die »Lex Kunze« zu berufen.

V.

Urinkontrollen sind äußerst unbeliebt. Sie müssen aber bei einem Verdacht auf Drogenkonsum, oder um nach einem nachgewiesenen Konsum irgendwann die Trennscheibe wieder weg- oder auch Ausgang genehmigt zu bekommen, durchgeführt werden. Blut- oder Haarproben, die viele Gefangenen einer Urinabgabe vorziehen würden, sind, vom finanziellen und organisatorischen Mehraufwand ganz abgesehen, nicht in gleichem Maße geeignet, weil zum Beispiel ein kurz zuvor erfolgter Konsum mit einer Haarprobe nicht nachgewiesen werden kann, ein schon einige Wochen zurückliegender Konsum dagegen nicht mit einer Blutprobe.

Die Gefangenen wurden von der Arbeit, vom Sport oder vom Hofgang geholt und mussten in einem speziellen Raum im Bereich des medizinischen Dienstes Urin zur Kontrolle auf Drogen abgeben. Das konnte schon mal mehrere Stunden dauern, wenn etwa der betroffene Gefangene zufällig gerade vorher auf der Toilette war, was dann zu einem beträchtlichen Lohnausfall für ihn führte. In dieser Zeit bekamen die Testpersonen nur wenig zu trinken, da zu viel Wasser das Ergebnis der Kontrolle verfälschen oder unbrauchbar machen kann. Hinzu kam der für Gefangene und Beamte gleichermaßen belastende Umstand, dass Manipulationen bei diesen Urinkontrollen nur wirksam vermieden werden konnten, wenn ein Beamter dem Gefangenen beim Urinieren direkt auf das Glied sah. Manche Gefangene, die mit einer Kontrolle rechneten, klebten zum Beispiel einen kleinen Beutel mit drogenfreiem Fremdurin unter den Hoden. Es reichte aber auch schon aus, sich einen bestimmten Stoff über den Finger zu träufeln und dann bei der Urinabgabe über den Finger zu urinieren, um das Ergebnis der Kontrolle des Urins unbrauchbar zu machen. Ich kann auch alle Gefangenen gut verstehen, die angeben, unter unmittelbarer Beobachtung überhaupt nicht urinieren zu können. Im Gefängnis habe ich gelernt, dass es dafür einen psychiatrischen Fachbegriff gibt: Paruresis oder psychogener Harnverhalt.

Akzeptiert man das aber generell als Begründung, würden sich wohl alle Gefangenen darauf berufen. Wer auch nach bis zu sechs Stunden Wartezeit keinen Urin abgab, bekam grundsätzlich eine Disziplinarmaßnahme, weil davon ausgegangen wurde, dass er Drogen konsumiert hatte. Nach der damaligen medizinischen Einschätzung musste nach dieser Zeit eigentlich jeder »können«.

Das war ein Teufelskreis, denn wer keinen Urin abgab, galt aktenkundig als Verweigerer und machte sich verdächtig. Er wurde daher immer wieder zur Kontrolle geholt, konnte wieder nicht abgeben und wurde diszipliniert. Wer weiß, an wie vielen Gefangenen wir uns schuldig gemacht hatten, weil wir Disziplinarmaßnahmen bis hin zum mehrwöchigen Arrest vollzogen hatten, obwohl sie nichts konsumiert hatten und tatsächlich nicht urinieren konnten? Eine Zeit lang versuchten die Gefangenen, von den Anstaltsärzten, vor allem den Psychiatern, Atteste dafür zu bekommen, dass sie unter

Beobachtung keinen Urin abgeben konnten. Sehr wenigen ist das auch gelungen.

Kunze wollte alle diese Beschwernisse gerne in Kauf nehmen, und so entschieden wir, dass er vier negative Urinproben abgeben müsse, bis die Trennscheibe aufgehoben werden konnte. Zu diesen vier Kontrollen holten wir ihn innerhalb weniger Wochen. Sie waren tatsächlich alle negativ. Herr Kunze hatte es mutmaßlich zum ersten Mal in seinem Erwachsenenleben geschafft, ganz auf Drogen zu verzichten. Sein Antrag wurde genehmigt, und seine ehemalige Lebensgefährtin und sein Sohn zum Besuch ohne Trennscheibe zugelassen.

VI.

Am Tag vor dem geplanten Besuch ging der Hinweis ein, Kunze würde sich von seiner Besucherin Drogen mitbringen lassen. Crystal. Dieser Hinweis kam, wie in 99 Prozent aller Fälle, von einem Mitgefangenen, der sich an den Sicherheitsbeauftragten gewandt hatte. Jede Justizvollzugsanstalt verfügt über einen Sicherheitsbeauftragten, abhängig von der Größe der Anstalt und vom Bundesland können das auch ganze Sicherheitsabteilungen sein. Das sind dann zehn oder mehr Beamte, die ausschließlich für die Sicherheit in der Einrichtung abgestellt sind. Zu einem gewissen Anteil ist selbstverständlich jeder Bedienstete der Anstalt, vom Anstaltsleiter bis zum Fahrdienst, auch für Belange der Sicherheit zuständig, und Haftraumkontrollen, Postkontrollen oder körperliche Kontrollen gehören zu den täglichen Aufgaben jedes uniformierten Beamten. Die Sicherheitsbeauftragten sind meist erfahrene Beamte, die in der Anstalt bei Gefangenen und Bediensteten großen Respekt genießen und hierarchisch weit oben stehen. Ein Anstaltsleiter wird nicht danach beurteilt, wie vielen Gefangenen er auf dem Weg in ein straffreies Leben hilft. Er wird danach beurteilt, ob seine Anstalt geräusch- und skandalfrei läuft. Je weniger öffentliches Aufsehen erregt wird, das letztlich auch die politische Spitze unter Druck setzen kann, desto besser ist – zumindest in den Augen der Oberen – der Anstaltsleiter. Wenn Justizminister vorzeitig ihren Hut nehmen müssen, hat das in vielen Fällen mit dem Strafvollzug zu tun. Ein Anstaltsleiter ist also gut beraten, eng mit seinen Sicherheitsbeauftragten zusammenzuarbeiten. Fast alle Sicherheitsbediensteten, die ich bisher kennenlernen durfte, waren und sind außerordentlich verantwortungsbewusste, integre und empathische Persönlichkeiten. Sie sollen Gewalt unter den Gefangenen und Übergriffe auf das Personal reduzieren, den Drogenhandel und -konsum eindämmen, die unerlaubten Kontaktaufnahmen der Gefangenen mit der Außenwelt insbesondere über Handys unterbinden und anderes mehr. Zum Beispiel können sie den Einsatz eines Gefangenen, den sie für einen Drahtzieher im anstaltsinternen Drogenhandel halten, auf einem bestimmten Arbeitsplatz, der sich als Schnittstelle in der Anstalt für den Drogenhandel besonders eignet – wie etwa die Küche – unterbinden. Auf der anderen Seite geraten die Sicherheitsbeauftragten oft als Erste in die Schusslinie, wenn etwas vorfällt. Ein Gefangener hat einen anderen mit einem Messer verletzt. Wie konnte das passieren? Warum hatte der Gefangene ein Messer in Besitz? Wie kann Derartiges künftig verhindert werden? Ein Gefangener bricht zusammen und muss mit dem Notarzt ins Krankenhaus gebracht werden, weil er Putzmittel wegen des darin befindlichen Alkohols getrunken hat. Wie konnte er an das Putzmittel gelangen? Sind allgemein gefährliche Stoffe in der Anstalt nicht genügend gegen unbefugten Gebrauch geschützt? Die Staatsanwaltschaft teilt mit, dass im Rahmen der Telefonüberwachung eines Drogendealers herausgekommen ist, dass dieser mit Gefangenen in der Anstalt telefoniert. Wie kann es sein, dass die Gefangenen Handys haben? Wird da nicht ordentlich kontrolliert? Einem Gefangenen gelingt die Flucht aus der Anstalt. Ist die Öffentlichkeit etwa nicht ausreichend vor den Straftätern geschützt? Für diese und andere Fragen sind die Sicherheitsbeamten verantwortlich. In großen Anstalten, mit ein paar hundert, manchmal auch über tausend Gefangenen, ist das eine riesige Verantwortung. Einer von hundert Gefangenen hat wohl immer ein Messer oder ein Stichwerkzeug in Besitz, einer hat immer ein Handy, einer plant immer einen Ausbruch. Die Gefahr, dass irgendetwas passiert, kann letztlich nur einigermaßen im Griff behalten werden, wenn man möglichst viele Informanten unter den Gefangenen hat. Diese Informanten werden in aller Regel niemandem, nicht einmal den Gerichten oder der Polizei, genannt, sonst hätten sie in der Anstalt mit erheblichen Repressalien durch Mitgefangene zu rechnen. Schließlich dient dieses Sicherheitssystem vor allem den Werten des übergeordneten Systems, also vorrangig der Ausbruchs- und Skandalvermeidung. Aber eben nicht nur. Es geht auch wesentlich darum, Gefangene vor Gewalt und Unterdrückung durch andere Gefangene zu schützen. Und darum, Gefangene vor sich selbst zu schützen. Auch gibt es, wie erwähnt, nicht häufig, aber hin und wieder, Übergriffe von Gefangenen auf Bedienstete, zum Teil auch mit Stichwerkzeugen oder anderen Waffen. Oft kann so etwas im Vorfeld durch die Sicherheitsbediensteten verhindert werden, die

Hinweise von Mitgefangenen erhalten. Dennoch muss man sich bewusst sein, wie wenig vertrauenswürdig die Informationen oft sind, die auf diese Art und Weise gewonnen werden. Wer sich im Gefängnis zum Beispiel an einem Mitgefangenen rächen oder ihn bestrafen oder wer für sich selbst Pluspunkte sammeln will, ist sehr versucht, das durch Informationen an die Sicherheitsabteilung zu tun.

Den Hinweis über Kunze hatte uns ein Gefangener mit der Begründung gegeben, er selbst lehne alle Arten von Drogen ab und fände es furchtbar, wie die Knäste immer mehr mit diesen Stoffen überschwemmt würden. Wir beschlossen, Kunzes Besuch dennoch zuzulassen, seine Besucher, die ehemalige Lebensgefährtin und seinen Sohn, aber gründlich zu durchsuchen.

VII.

Es war nicht zu fassen. Die Mutter seines Sohnes hatte tatsächlich Drogen dabei. Nicht einmal besonders gut versteckt. Einige Päckchen mit Crystal. Sie besuchte offenbar zum ersten Mal einen Gefangenen in Haft und hatte nicht damit gerechnet, in einem Seitenzimmer unter der Aufsicht einer Beamtin auch ihre Hose ausziehen zu müssen. Dabei fielen ihr die Päckchen aus dem Slip.

Kunzes Hoffnung war zerstört. Die staatliche Maschinerie würde wieder anlaufen, vorhersehbar, doch nicht vermeidbar. Strafanzeige, Disziplinarmaßnahme, Trennscheibe, das volle Programm. Wer weiß, wann Kunze seinen Sohn wiedersehen würde. Offenbar war sein Suchtdruck so groß, dass er sogar das in Kauf genommen hatte. In Kauf nehmen musste. Oder hatte er seine Lebensgefährtin mit einer ordentliche Summe bestochen? Die aber konnte er nur aufbringen, wenn er Drogen weiterverkaufte. Der Wert dieser Drogen in Haft übersteigt den Preis, der draußen gezahlt werden muss, um ein Vielfaches, sodass er mit den mitgebrachten Drogen ein gutes Geschäft hätte machen können. Wir wissen es nicht, denn Kunze stürzte in ein tiefes Loch, als er erfuhr, dass seine Besucherin mit Drogen erwischt und der Besuch untersagt worden war. So offen er sonst auch war, er sprach nie über diesen Vorfall und seine Hintergründe.

Der Sohn, der sich offenbar sehr darauf gefreut hatte, seinen Vater zu sehen, sagte, als seine Mutter und er wieder aus dem Besucherbereich herausgebracht wurden: »Siehst du, Mama. Ich habe es dir gesagt. Lass das. Die erwischen dich!«

Der Geruch des Todes

I.

Was tun mit jemandem, der nicht gesteht? Und vor allem, wie geht man mit einer Tat um, zu der sich niemand bekennt? Wenn es um einen Seitensprung, einen Diebstahl oder Schwarzfahren geht, mag das noch erträglich sein. Hier aber ging es um Mord. Einen besonders brutalen Mord.

Eine junge Frau, Anfang zwanzig, wurde von Polizeibeamten tot in ihrer Wohnung entdeckt. Sie war zu diesem Zeitpunkt schon einige Tage tot. Ihre Wohnung befand sich in einem Plattenbau in einer größeren Stadt, der zu DDR-Zeiten begehrt war, nun aber zu einer sozial randständigen Gegend gehörte. Die Atmosphäre im Gebäude war, auch an diesem heißen Tag im August, kalt, beklemmend und gespenstisch. Obwohl es einen Hausmeisterservice gab, waren die Treppenhäuser und Gänge verschmutzt, von den verschmierten Wänden bröckelte an vielen Stellen der Putz. Es roch nach Reinigungsmitteln, Urin und kaltem Rauch. Viele der Wohnungen standen leer. Einige wenige wurden noch von Rentnern oder Sozialhilfeempfängern wie der nun toten jungen Frau bewohnt.

Die wenigen Bewohner aber kannten sich untereinander, und so wurden die Nachbarn der Toten, ein Rentnerehepaar, unruhig, als die Frau mehrere Tage lang nicht vor die Tür ging und auf Klopfen, Klingeln und Telefonanrufe nicht reagierte. Auch stank es aus der Wohnung mit zunehmender Intensität, was im Treppenhaus bald nicht mehr zu ignorieren war. So etwas hatte man hier noch nie gerochen. Der Gestank einer verwesenden Leiche. Süßlich, aber in keiner Weise anziehend, sondern aggressiv, zutiefst abstoßend. Der Geruch des Todes eben.

Den beiden Polizeibeamten, die die Wohnungstür aufgebrochen hatten, bot sich ein schrecklicher Anblick. Die Frau saß nackt auf einem Hocker am Küchentisch. Ihre Hände waren am Rücken mit Paketband gefesselt, wobei die Arme so unnatürlich weit nach hinten weggebogen waren, dass der Getöteten die Schultergelenke ausgekugelt sein mussten. Um ihren Hals war ein Seil gebunden, wie man es zum Klettern verwendet. Das Seil hatte sich tief in die Haut eingegraben. Es war mit einem straff und eng gespannten weiteren Strick mit den gefesselten Händen verbunden. Immer also, wenn das Opfer versucht hatte, sich aus der Handfessel zu befreien oder die brutal schmerzenden Schultern und Arme etwas zu entspannen und näher zum Körper zu führen, hatte sich die Schlinge noch fester um ihren Hals gezogen. Im Nachhinein betrachtet, war es ein

Bild von tragischer Symbolkraft. Wie sie da saß, wenn man es überhaupt so nennen konnte, auf dem Hocker, Bauch und unterer Teil des Oberkörpers in Richtung Tisch fallend, den Hals brutal nach hinten gezogen, der Kopf dennoch ein Stück nach vorne kippend, das entsprach der Form eines Fragezeichens. Vom After ausgehend ging ein tiefer Schnitt mit einer breit klaffenden Wunde bis etwa zur Mitte des Rückens. Im After steckte der Kopf einer Katze, deren Körper später in der Toilettenschüssel gefunden wurde. Der Küchenboden war fast gänzlich mit verschmiertem, verkrustetem Blut bedeckt. Die Augen der Frau waren aufgerissen, wässrig und leer. Die Angst, der Schmerz, das Unfassbare, die unsäglichen Qualen waren für sie vorbei. Durch nichts und niemanden wäre jedoch wiedergutzumachen, was sie erleben musste.

II.

Der mutmaßliche Täter wurde noch am selben Tag festgenommen. Es war der Bruder der jungen Frau, Enrico Ganzlos.

Er und seine Schwester waren der leiblichen Mutter, einer drogenabhängigen Prostituierten, kurz nach der Geburt weggenommen und in verschiedene Pflegefamilien gegeben worden. Sie hatten erst vor einiger Zeit von der Existenz des anderen erfahren und Kontakt miteinander aufgenommen. Enrico hatte zuvor über viele Jahre versucht, herauszufinden, ob seine leibliche Mutter noch lebte und wo sie sich aufhielt. Es war ihm nicht gelungen. Dafür war er im Zuge seiner Recherchen auf seine Schwester gestoßen. Beide klammerten sich aneinander wie zwei Ertrinkende. Sie hatten in ihren jeweiligen Pflegefamilien zu essen und zu trinken bekommen, aber keine Liebe oder auch nur emotionale Nähe und Zuwendung erfahren. Enrico beging schon früh Diebstähle, begann zu trinken und Drogen zu nehmen. Im Alter von elf Jahren wurde er von der Polizei an einem Bahnhof aufgelesen, weil er in volltrunkenem Zustand am Rand der Gleise übernachten wollte. Obwohl er regelmäßig von seinen Pflegeeltern verprügelt wurde, fiel er selbst nie durch Gewalttaten auf, noch nicht einmal mit kleineren Raufereien auf dem Schulhof. Ohne Schul- und Berufsabschluss verließ er mit sechzehn seine Pflegefamilie und schlug sich mit Gelegenheitsarbeiten auf dem Bau durch, unterbrochen immer wieder durch kurze Gefängnisaufenthalte aufgrund kleinerer Drogendelikte. Er hatte einige flüchtige Beziehungen zu Frauen, die alle aus dem Drogenmilieu stammten. Als er und seine Schwester sich kennenlernten, empfanden beide zum ersten Mal in ihrem Leben so etwas wie Wärme und eine menschliche Nähe, die nicht schmerzt, verletzt, enttäuscht und verzweifeln lässt. Vielleicht fühlten sie sogar etwas Geborgenheit. So beschlossen sie, zusammenzuziehen.

Seine Schwester hatte früh angefangen, sich selbst zu verletzen. Sie schnitt sich mit Rasierklingen die Unterarme auf und bekam dafür Schläge von ihrem Pflegevater. Nach einem Selbstmordversuch im Alter von vierzehn Jahren kam sie für eine Weile in die Psychiatrie, danach wurde sie in eine betreute Wohngruppe aufgenommen. Sie war von ihrem Pflegevater auch sexuell missbraucht worden, was es ihr bis zu ihrem frühen Tod erheblich erschwerte, eine partnerschaftliche Beziehung einzugehen. Bis vor Kurzem. Sie hatte während eines stationären Aufenthaltes in einer Suchtklinik eine Beziehung zu einem Mitpatienten begonnen. Dieser sollte kurz vor ihrer Ermordung aus der Therapie entlassen werden und wollte zu ihr ziehen. Für sie wäre es das erste Mal gewesen, mit jemandem zusammenzuleben. Sie wollte, wie andere es doch auch hatten, ein Zuhause, eine Partnerschaft, vielleicht irgendwann eine eigene Familie, wollte etwas geben, das sie selbst nie bekommen hatte und von dem sie nur erahnen konnte, wie es sich wirklich anfühlen würde. Von dem sie sich, vielleicht zu Unrecht, Trost erhoffte. Sie sagte ihrem Bruder, dass sie nun doch nicht mehr mit ihm zusammenziehen könne.

Diese Zurückweisung und Kränkung als Motiv und die Tatsache, dass er für die Tatzeit kein Alibi hatte, waren für das Gericht ausschlaggebend, Enrico Ganzlos wegen Mordes zu verurteilen und wegen der besonderen Schwere der Schuld eine Mindestverbüßungsdauer von zwanzig Jahren festzulegen. Andere Verdächtige als ihn gab es nicht. Stichhaltige Beweise gegen ihn allerdings auch nicht.

Er bestritt die Tat vehement und ließ sich davon auch nicht durch die Möglichkeit abbringen, bei einem Geständnis weniger hart bestraft zu werden. So gab es nichts, was für ihn, aber vieles, was gegen ihn sprach. Unter anderem auch seine strafrechtliche Vorbelastung. Wenn auch keine Gewalttaten darunter waren, so schien die furchtbare Tat doch die logische Steigerung seiner kriminellen Energie zu sein.

III.

Mehr als zwanzig Jahre hatte Ganzlos nun im Gefängnis verbracht. Er war mittlerweile innerhalb der Justiz eine kleine Berühmtheit, denn es ging die morbide, perverse

Faszination von ihm aus, dass da entweder einer so viele Jahre – mehr als die Hälfte seines Lebens – unschuldig verbüßte, oder dass es einer schaffte, seine schreckliche Tat so lange zu verleugnen. Denn das war nach wie vor seine Haltung, und dies nicht nur, wenn er danach gefragt wurde. Jeden, der mit ihm Kontakt hatte, versuchte er davon zu überzeugen, dass er zu Unrecht in Haft saß. Er schrieb regelmäßig an Gerichte, Staatsanwaltschaft und Medien und betonte seine Unschuld in jedem Gespräch innerhalb der Anstalt. Folgerichtig nahm er an keinen Behandlungsmaßnahmen teil, weigerte sich zu arbeiten und folgte den Anweisungen des Personals nur dann, wenn es gar nicht mehr anders ging. Als er nach Ablauf der zwanzig Jahre durch einen psychiatrischen Sachverständigen zu der Frage begutachtet werden sollte, ob von ihm noch eine Gefahr ausginge oder ob er entlassen werden könne, weigerte er sich, mit dem Gutachter zu sprechen. Es erging daher ein Gutachten nach Aktenlage. Der Gefangene sei uneinsichtig, hätte sich dem Behandlungsangebot des Justizvollzuges widersetzt und würde Anweisungen nicht befolgen. Von ihm ginge nach wie vor eine erhebliche Gefahr aus. Das Gericht setzte daher seine lebenslange Freiheitsstrafe nicht zur Bewährung aus und forderte den Justizvollzug in seiner Entscheidung nachdrücklich auf, dem Gefangenen weitere geeignete Behandlungsangebote zu unterbreiten und ihn zur Teilnahme regelmäßig zu motivieren. Vor allem müsse geklärt werden, ob die Straftat vielleicht einen sexuellen Hintergrund habe, denn dann wäre eine spezielle Sexualtherapie das Mittel der Wahl.

Auch wenn es weder für Gewalt- noch für Sexualtherapien in Haft überzeugende Daten gibt, dass damit die Rückfallwahrscheinlichkeit wirksam reduziert werden kann, und obwohl nach allem menschlichen Ermessen der Gefangene wohl auch weiterhin keine Therapie absolvieren würde, erschien es ratsam, der Forderung des Gerichts nachzukommen. Würden wir dies nicht tun, bestünde die Gefahr, dass das Gericht bei der nächsten Entscheidung über den Weitervollzug der Strafe den Gefangenen mit der Begründung entlassen würde, er sei zwar noch hochgefährlich, aber der Strafvollzug habe es versäumt, ihm die richtigen Behandlungsangebote zu unterbreiten, und er müsse daher aus Gründen der Verhältnismäßigkeit leider entlassen werden. Der »schwarze Peter« hätte bei uns gelegen, wenn dann etwas passiert wäre. Also musste geklärt werden: War Ganzlos ein Gewalt- oder ein Sexualstraftäter?

Zwei Gutachter wurden beauftragt, diese Frage zu klären, ein Psychiater und ein Psychologe. Der Gefangene weigerte sich wie immer, mit ihnen zu sprechen, also musste wieder nach Aktenlage begutachtet werden.

Der Psychiater führte anhand der Ermittlungsakten, der Fotos vom Tatort und allen sonstigen verfügbaren Materials eine ausführliche Tatortanalyse durch und kam zu dem Ergebnis, dass es sich um eine verkappte Sexualstraftat gehandelt habe. Der Täter sei homosexuell, würde aber mit aller Macht versuchen, dies vor sich und der Außenwelt zu verbergen. Indem er dem Opfer den Kopf einer Katze in den After – und nicht in die Vagina – gesteckt und auch noch versucht hatte, diesen zu vergrößern, habe er den Ersatz einer Penetration vorgenommen, für die er sich in Wirklichkeit zu sehr schämte. Der Kopf der Katze sei ein Phallussymbol. Ausdruck der Scham für seine homosexuellen Gefühle sei auch, dass er den Körper der Katze vom Kopf getrennt hatte. Damit käme symbolisch zum Ausdruck, wie wenig er sich selbst mit den Bedürfnissen seines

Phallus identifizieren könne und wie sehr er versuche, diesen letztlich ganz von sich abzuspalten. Das alles war ausweislich des Obduktionsprotokolls nach Eintritt des Todes des Opfers passiert, was der Psychiater ebenfalls als Zeichen dafür wertete, dass Ganzlos im Grunde seines Wesens homosexuell sei, weil er unbewusst alle Frauen mit seiner Mutter gleichsetzen und, da diese ihn verlassen hatte, abgrundtief hassen würde. Erst mit einer Auslöschung des furchtbar Weiblichen im Gegenüber könnten seine sexuellen Triebe überhaupt wirksam werden. In seinen bisherigen, sehr oberflächlichen und sporadischen Frauenbeziehungen habe dies nicht diese extremen Auswirkungen gehabt, in der Beziehung zur Schwester aber, die etwas älter als er war und die er als einzig ihm bekanntes Familienmitglied unbewusst mit Mutter und Vater gleichsetzte, gleichsetzen musste, sei diese letztlich ödipale Problematik in solch schrecklicher Weise zum Ausbruch gekommen.

Der zweite Gutachter, der Psychologe, ging – ebenfalls ausschließlich anhand der Akten – davon aus, dass die Tat keinerlei sexuellen Hintergrund habe. Bei dem Gefangenen habe eine unbewusste Retraumatisierung stattgefunden, als seine Schwester ihm eröffnete, dass sie nun doch nicht mit ihm zusammenziehen könne, sondern lieber mit ihrem Partner zusammenwohnen wolle. Dieses Erleben habe in ihm die Gefühle hervorgerufen, die er als Kind empfunden haben musste, aber nicht spüren und ausleben konnte, als die Mutter ihn ablehnte und zur Adoption freigab. Die Folterung der Schwester sei nicht Ausdruck irgendwelcher verdrängten sexuellen Gefühle, sondern allein Ausdruck seiner maßlosen Wut. Indem er ihren After verlängerte, habe er zeigen wollen, was für ein »großes Arschloch« sie sei, und indem er ihre Katze zerlegte und zum Teil in ihren After steckte, habe er sie, soweit irgend möglich, erniedrigen wollen.

Ein drittes Gutachten, ein sogenanntes Obergutachten, musste eingeholt werden. Damit sollte eine über jeden Zweifel erhabene Koryphäe beauftragt werden.

Den Begriff der »herrschenden Meinung« haben die Juristen groß gemacht, wenn nicht gar erfunden. Bei strittigen Fragen, etwa darüber, wie ein bestimmter Paragraf ausgelegt werden soll, muss jeder Jurist, der damit arbeitet, die herrschende Meinung in Rechtsprechung und Literatur berücksichtigen. Folgt er dieser Meinung, ist der Verweis darauf, es sei die herrschende, meist genug. Will er davon abweichen, braucht er gute Argumente. Eine Meinung wird allerdings nicht unbedingt zur herrschenden, weil sie mehr oder die besseren Argumente aufweist, sondern meist durch den, der sie geäußert hat. Was ein Richter am Bundesgerichtshof sagt, hat mehr Gewicht als das, was ein Richter am Amtsgericht sagt. Was ein Professor sagt, hat mehr Gewicht als das, was ein wissenschaftlicher Assistent sagt.

Im großen Teich der psychiatrischen und psychologischen Gutachter für die Strafjustiz gibt es deutschlandweit vielleicht zehn oder fünfzehn »ganz dicke Fische«. Einer von ihnen wurde nun mit der Erstellung des Obergutachtens beauftragt. Es dauerte über ein Jahr, bis das Gutachten vorlag, da der Gutachter entsprechend viel beschäftigt war. Er kam nun zum Ergebnis, dass es sich in erster Linie um eine Gewalttat gehandelt habe, wobei eine sexuelle Komponente nicht ganz auszuschließen sei. Er empfahl die Durchführung einer Sozialtherapie für Gewalttäter, während der auch etwaige Störungen im Sexualbereich eruiert und bearbeitet werden sollten.

Eine solche Therapie wollte ich Herrn Ganzlos nun nahelegen.

IV.

Blass, dünn und ausgemergelt saß er mir gegenüber. Ich habe ihn nie lachen sehen. Wenn er sprach, konnte man sehen, dass er kaum noch Zähne hatte. Angesichts der hervorragenden medizinischen Versorgung der Gefangenen konnte dies nur Ausdruck seiner Selbstvernachlässigung sein. Als ich ihm empfahl, aufgrund des Gutachtens des Sachverständigen eine sozialtherapeutische Maßnahme zu absolvieren, die bei uns in der Anstalt angeboten wurde und etwa zwei Jahre dauerte, wusste ich schon, was kommen würde.

»Ich habe diese Tat nicht begangen. Was soll ich mit einer Therapie? Außerdem sitze ich jetzt hier seit über zwanzig Jahren. Habe ich in der Zeit irgendjemandem irgendwie Gewalt angetan? Oder gar jemanden sexuell missbraucht? Selbst wenn ich die Tat begangen hätte, es wäre doch absolut lächerlich, mir jetzt diese Therapie nahezulegen. Da gibt es ganz andere, die die bräuchten, glauben Sie mir!«

Er sprach ruhig und sachlich, ohne emotionalen Eifer, wie jemand, der einen vorbereiteten Text aufsagt, den er schon tausende Male vorgetragen hat, wohl wissend, dass er sein Gegenüber damit nicht überzeugen wird. Aber es war genau diese merkwürdige Ambivalenz, die einen zweifeln ließ, ob er nicht doch die Wahrheit sagte. Auf der einen Seite war er dieser offensichtlich gebrochene, desillusionierte Mensch, der sich selbst aufgegeben hatte. Auf der anderen Seite blieb er seit mehr als zwanzig Jahren bei seiner Aussage, es nicht getan zu haben, wobei man doch denken würde, es sei ihm nun ohnehin alles gleichgültig. Diese Überzeugung schien ihn am Leben zu halten, nur dafür wollte er weitermachen.

»Aber Herr Ganzlos, nehmen wir an, Sie waren es nicht, dann wäre es doch zumindest taktisch das Klügste, die Therapie zu absolvieren. Dann würden Sie nach den zwei Jahren entlassen werden! Und wenn Sie ohnehin keine Probleme im Bereich von Gewalt oder Sexualität haben, dann spielen Sie das Spiel doch einfach mit. Sonst werden Sie womöglich nie entlassen, das wissen Sie so gut wie ich!«

Es ist nicht einfach, höhnisch zu wirken, ohne dabei ein Lächeln anzudeuten, aber er schaffte es. »Und Sie wissen so gut wie ich, dass ich, wenn ich bis jetzt keine Probleme mit Gewalt oder Sexualität hatte, nach den zwei Jahren Therapie garantiert welche haben werde. Wer weiß, was die noch alles herausfinden und diagnostizieren! Außerdem bin ich nun einmal unschuldig. Wenn ich an der Therapie teilnehme, würde das als Eingeständnis meiner Schuld gewertet. Nein, ich kann das nicht. Niemals!«

Dabei blieb er, und es war eindeutig, dass er immer dabei bleiben würde.

V.

Naturgemäß gibt es keine genauen Zahlen dazu, wie viele Menschen verurteilt worden sind für etwas, das sie nicht oder nicht so begangen haben, und sich demzufolge unschuldig in Haft befinden. Schätzungen gehen von deutschlandweit mindestens einigen hundert Fällen im Jahr aus.

Es ist bei Weitem nicht die Mehrheit der Gefangenen, die ihre Taten bestreiten, wie es häufig kolportiert wird. Einige wenige tun dies, aber relativ viele bagatellisieren oder relativieren zumindest das, was sie getan haben.

Manche scheinen auch einen gewissen Halt darin zu finden, einen Teil ihrer Taten zuzugeben, einen anderen aber zu bestreiten. Ein Gefangener zum Beispiel, der als Mitarbeiter im Außendienst einer Arzneimittelfirma viel unterwegs gewesen war und mehrere Prostituierte umgebracht hatte, gab drei dieser Morde zu. Den vierten bestritt er vehement, obwohl es eindeutige DNA-Beweise gegen ihn gab. Möglicherweise wollte er uns, der Gesellschaft, dem Staat gegenüber damit zum Ausdruck bringen, dass nicht nur er, sondern auch wir Unrecht begingen, indem wir ihn für eine Tat verurteilten, derer er nicht schuldig war. Oder er wollte einen letzten Rest von Selbstdefinition bewahren.

Gefangene wie Herr Ganzlos, die über viele Jahre und Jahrzehnte behaupten, sie seien ganz und gar unschuldig, gibt es aber kaum. Aus Sicht eines Straftäters ist es auch nur bis zu einem gewissen Grad taktisch klug, zu leugnen. Ein Bestreiten darf einem vor Gericht nicht zum Nachteil ausgelegt werden, wobei ein Geständnis in aller Regel strafmildernd wirkt, sodass das Leugnen mittelbar doch negative Folgen für den Betroffenen haben kann. Andererseits kann es bei fehlenden eindeutigen Beweisen dazu führen, dass man überhaupt nicht oder zumindest nicht wegen einzelner von mehreren zur Verhandlung stehenden Delikten verurteilt wird. Während der Haft allerdings wirkt sich das Leugnen in juristischer Hinsicht in aller Regel negativ aus, wie auch im Fall von Herrn Ganzlos. Aus psychologischer Sicht kann es aber für einige durchaus sinnvoll sein. Ihren Angehörigen und Freunden gegenüber können sie das Bild von sich aufrechterhalten, das diese vor der Tat von ihnen hatten. Als »unschuldig« Inhaftierter bekommen sie vielleicht auch besondere Zuwendung und Aufmerksamkeit. Manche schaffen es sogar, die Tat von sich fern zu halten, als hätten sie sie tatsächlich nicht begangen. Würde man sie an einen Lügendetektor anschließen, würde der vermutlich signalisieren, dass sie nicht lügen, obwohl sie es objektiv tun. Subjektiv aber sagen sie die Wahrheit.

Zu welchem dieser Fälle Ganzlos gehörte oder ob er tatsächlich unschuldig war, wird man wohl nie herausfinden. Nach 26 Jahren in Haft wurde er schließlich entlassen, obwohl er weiterhin jede Behandlung verweigerte und den Tatvorwurf bestritt. Das Gericht ging davon aus, dass die Rückfallgefahr bei Ganzlos infolge seines fortgeschrittenen Alters nun vertretbar gering sei. Außerdem hielt ihm das Gericht tatsächlich seine Unschuldsbehauptung zugute! Er habe nun so lange geleugnet und so viel Mühe und Lebenszeit dafür investiert, dass davon auszugehen sei, er könne eine solche Tat einfach nicht mit sich, mit dem Bild, das er selbst von sich habe und das er anderen so vermitteln wolle, vereinbaren. Eine weitere derartige Tat sei somit nicht zu befürchten. Letztlich war es wohl eine Art Kompromiss des Systems: Wenn er es war, hat er genug gebüßt, wenn nicht, hat er noch ein Leben vor sich.

VI.

Wenn ein Straftäter nicht gesteht, vor allem einer wie Ganzlos, dem eine solch brutale Tat zur Last gelegt wurde, dann wird unser Drang mit jedem Jahr, in dem er auf seiner Unschuld beharrt, größer, zumindest dieses Nicht-Gestehen zu verstehen. Die Erklärungsmöglichkeit, er könne nicht gestehen, weil er es nicht war, rückt dabei in immer weitere Ferne, denn dies würde schließlich bedeuten, dass man einem Unschuldigen Gewalt antäte, und sich damit selbst, mit jedem Jahr mehr, schuldig machte. Beschämend gering fällt daher auch meist die Entschädigung aus, die Menschen erhalten, bei denen sich herausstellt, dass sie unschuldig in Haft waren. Das Verstehen des Nicht-Gestehens rückt so ins Zentrum aller staatlichen Erklär-, Therapie- und Prognosekunst. Hat man dann eine Erklärung gefunden, mit der man leben kann, die zumindest oberflächlich trägt und beruhigt, dann kann der Leugner irgendwann entlassen werden. Er ist nun nicht mehr ganz so beängstigend. Der Geruch des Todes.

Ein außerordentliches Vorkommnis

I.

Geiselnahmen im Gefängnis sind äußerst selten. Auch seltene Dinge, im Beamtendeutsch außerordentliche Vorkommnisse genannt, passieren. Dies war so ein Tag.

Es war gegen 16 Uhr, die ersten Kolleginnen und Kollegen waren schon im Feierabend, da ging der Alarm los. Ein schmerzend lauter, über endlose Sekunden gezogener, durchdringend hoher Ton, den wohl auch ein Tauber spüren würde. Nach einer kurzen Pause nochmals, schließlich ein drittes Mal. Einmal in der Woche erfolgte ein Übungsalarm, seine alarmierende Wirkung hatte der Ton also längst verloren. Er ging einem einfach nur noch auf die Nerven. Man musste sein Büro verlassen und auf dem Gang auf weitere Anweisungen warten. Wir Führungskräfte mussten bei der Torwache anrufen, wo alle Informationen eingingen. Dort wurden wir dann über die Hintergründe des Alarms informiert. In aller Regel, wie gesagt: Probealarm.

An diesem Tag lautete die Meldung des Torwachbeamten, der, im Nachhinein betrachtet, auffallend ruhig blieb: »Wir haben eine Geiselnahme im Besucherbereich.« Auch das war noch nicht weiter schockierend, denn es musste mindestens einmal im Jahr eine Geiselnahmeübung durchgeführt werden. Dort wurde dann getestet, ob die notwendigen Informationen schnell genug weitergegeben wurden, die Polizei ordnungsgemäß alarmiert wurde, die eigens von uns ausgebildeten Erstsprecher bei Geiselnahmen vor Ort waren und anderes mehr. Das Thema wurde nicht allzu ernst genommen, denn Geiselnahmen in Haft sind, wie gesagt, äußerst selten. Und sie sind so gut wie nie von dem Erfolg gekrönt, den ein Geiselnehmer sich erhofft. Selbst wenn es ein Gefangener schaffen würde, auf diese Art und Weise aus dem Gefängnis zu gelangen, würde er in kürzester Zeit wieder gefasst werden. Außerdem ging er das Risiko ein, erschossen zu werden.

Wir gingen also alle von einer Übung aus. Dann aber der Nachsatz des Beamten: »Das ist keine Übung. Das ist ernst. Eine Geiselnahme!«

»Und wer hat wen als Geisel genommen?«

»Der Buschke hat den Pfarrer in seiner Gewalt, der immer von draußen reinkommt. Im Besucherzimmer. Angeblich hat er ein Messer. Das Zimmer hat er von innen verbarrikadiert. Er hat jetzt gerade hier bei mir angerufen.«

II.

Buschke. Ein Name, der in der JVA wie Donnerhall wirkte. Ausgerechnet Buschke. Der Mann, der inzwischen fast dreißig Jahre verbüßt hatte, nun aber kurz vor seiner Entlassung stand. Buschke, der bereits mit Mitte zwanzig zu einer lebenslangen Haftstrafe verurteilt worden war. Er hatte im Abstand von wenigen Monaten immer wieder Menschen in seine Gewalt gebracht und sexuell missbraucht. Das besonders Erschreckende daran war, dass es scheinbar völlig wahllos geschah. Hauptsache, es war ein Mensch. Sein jüngstes Opfer war sieben, sein ältestes sechsundsiebzig. Jungs und Mädchen, Männer und Frauen. Er schien sexuelle Befriedigung allein daraus zu schöpfen, andere Menschen in seiner totalen Gewalt zu haben und leiden zu sehen. Einem kleinen Mädchen hatte er die Scheide zugenäht, einen Mann gezwungen, seinen Urin zu trinken und seine Exkremente zu essen. Sein letztes Opfer, eine Seniorin, die in der Wohnung über ihm wohnte, starb an Erstickung, weil er ihr den Mund und die Nase mit dickem Klebeband verschnürt hatte.

Unglaublicherweise war Buschke im Haftalltag ein unauffälliger, und, wenn man nur selten Kontakt mit ihm hatte, angenehmer Mensch. Mit seinem akkurat gestutzten Bart, der randlosen Brille und dem durchtrainierten Körper sah er aus wie ein Zahnarzt aus einer Werbung für Zahnseide. Er war sehr intelligent, gebildet und freundlich. Fast auffallend freundlich. Im täglichen, oberflächlichen Umgang merkte man ihm keinen Ärger, keine Wut, keine Aggressionen an. Er fluchte nicht, schimpfte nicht, drohte nicht. Er wurde nie laut. Das genaue Gegenteil eines Schlägertyps, Vergewaltigers und Mörders, wie ihn sich die meisten wohl vorstellen würden. Wüsste man nicht, was er getan hatte, könnte man ihn, zumindest von Weitem, als Inbegriff eines kultivierten Menschen bezeichnen. Er hatte ein glänzendes Abitur in der Tasche und befand sich mitten im Studium der Wirtschaftsingenieurwissenschaften, als er, endlich, verhaftet wurde. Manchmal wirkte er fast untertänig, dann wieder ein bisschen arrogant, aber auf die Art und Weise von Menschen, deren Überheblichkeit auf tatsächlich überlegenem Wissen oder Können beruht und bei denen sich eventueller Neid in Bewunderung auflösen kann. Nur wenn man sich näher mit ihm beschäftigte, sich Zeit nahm, ihn zu beobachten, und regelmäßig intensiveren Kontakt mit ihm hatte, ahnte man, dass unter der glatten Oberfläche eine ungeheure Kraft und Energie wütete, die er manchmal nur mühsam unter Kontrolle zu bekommen schien. Seine Halsschlagadern pulsierten dann sichtbar, er lief leicht rot an, er wusste nicht, wohin mit seinen Händen, sein Lächeln wurde gequält und künstlich, die Stimme spürbar unterdrückt. Sein Blick wurde starr, als wäre sein Bewusstsein nicht mehr mit den Augen verbunden, vielleicht sogar, als wäre überhaupt kein Bewusstsein mehr da außer dem, die ungeheure Wut noch im Zaum halten zu müssen. Und das Beängstigende daran war, dass man all dies bei den geringsten Zurückweisungen beobachten konnte, machmal sogar, wenn überhaupt kein äußerer Anlass zu erkennen war. In seinem Kopf schien ein eigener Film abzulaufen, der nur bedingt mit der Außenwelt zu tun hatte. Er konnte das aber sehr gut reflektieren und verbergen; das unterschied ihn vom »Verrückten«. Und er konnte die Außenwelt in der Regel mit Täuschung und manchmal mit brutalster Gewalt seinen inneren Bedürfnissen anpassen; das unterschied ihn vom an sich selbst leidenden Neurotiker.

Auffallend war auch, dass niemand ihn richtig sympathisch fand, obwohl er doch so geistreich sein konnte und vergleichsweise angenehm und »pflegeleicht« im Umgang war. Unbewusst spürten die meisten, die näher mit ihm zu tun hatten, wohl den tiefen, furchtbaren menschlichen Abgrund, den er oberflächlich verbergen konnte. Die Beamten, die ihn lange kannten, hielten ihn für eine »tickende Zeitbombe«, sie hatten richtiggehend Angst vor seinem Abgrund. Wie tief dieser war, konnten wahrscheinlich auch sie nur ahnen, weil sie seine Gräueltaten kannten. Ohne das Wissen darum hätte man ihn wohl im näheren Kontakt für etwas merkwürdig, niemals aber für einen sadistischen Serienmörder gehalten.

Warum nahm er jetzt eine Geisel, gerade jetzt, was wollte er damit erreichen? Er hatte während seiner langjährigen Haft an allen therapeutischen Maßnahmen teilgenommen, die ihm angeboten wurden, und dabei so viel gelernt, dass er die beiden Psychiater, die ihn vor Kurzem zu der Frage begutachtet hatten, ob von ihm noch eine Gefahr für die Allgemeinheit ausgehe, davon überzeugen konnte, dass dem nicht so war. Die Bediensteten und Therapeuten waren anderer Ansicht, konnten sich dabei aber nur auf ihr »Bauchgefühl« berufen. Dieses Bauchgefühl spielt zweifellos auch bei juristischen Entscheidungen eine Rolle, die juristische Begründung erfolgt meist erst, nachdem die Richtung der Entscheidung bestimmt worden ist. Hier jedoch handelte es sich um das Bauchgefühl der Therapeuten, nicht das der Gutachter oder entscheidenden Richter, sodass es, auch wenn es sich nun auf so dramatische Weise als richtig herausstellte, zunächst unberücksichtigt geblieben war.

Buschke hatte also beste Chancen gehabt, in wenigen Monaten entlassen zu werden. Warum dann jetzt diese Geiselnahme?

III.

In einer JVA gibt es verschiedenste Aufgaben und Funktionen, die meist niemand freiwillig übernehmen will und die einem Mitarbeiter zusätzlich zu dessen regulärem Zuständigkeitsbereich übertragen werden. So gibt es einen Korruptionsbekämpfungsbeauftragten, einen Datenschutzbeauftragten, einen Abfallbeauftragten, einen Brandschutzbeauftragten und so weiter. Wie im Staatsdienst üblich, sind derartige Zusatzposten in aller Regel mit keinen finanziellen oder sonstigen Vorteilen verbunden. Auch geht es nicht primär darum, Daten zu schützen oder Korruption zu vermeiden, sondern darum, einen Verantwortlichen benennen zu können und zu dokumentieren, wie ernst das Thema genommen wird. Für die Funktionsträger gibt es unter anderem entsprechende Fortbildungen. Die Funktion des Erstsprechers bei Geiselnahmen war auch ein solches Zusatzamt. Sie war dem Anstaltslehrer übertragen worden, der jetzt vom Anstaltsleiter beauftragt wurde, mit Buschke Kontakt aufzunehmen und zu halten, bis die Polizei eintraf. Der Lehrer rief Buschke von einem Büro aus an, das wir in aller Schnelle als eine Art Kommandozentrale auserkoren hatten, und stellte auf Lautsprecher. So nervös, geradezu panisch der Lehrer und die meisten von uns waren, so ruhig und lässig war Buschke. Das schien nicht gespielt zu sein, er war offenbar ganz in seinem Element. Er hatte nun bis auf Weiteres das Sagen und nicht nur den Pfarrer, sondern auch uns in der Hand. Er hatte, im Hier und Jetzt, die Kontrolle, und er war es, nach dem wir uns richten mussten. Für die meisten Menschen ist das Gefühl, die Kontrolle über das eigene Leben zu haben, die eigenen Bedürfnisse, den eigenen Willen zu spüren und ihm auch Geltung verschaffen zu können, existenziell wichtig, selbst wenn dieses Gefühl auf Selbsttäuschung beruhen mag. Wenn, wie im Fall von Buschke, sein tiefstes Bedürfnis und sein unbedingter Wille dahin gingen, andere in seine Gewalt zu bringen und vielleicht zu missbrauchen und zu töten, dann war das, was er tat, aus unser aller Sicht zwar moralisch schärfstens zu missbilligen, aus seiner Perspektive aber Ausdruck purer physischer Notwendigkeit. Auch der Staat entzieht Einzelnen, nämlich den Gefangenen, mit Gewalt die Freiheit. Wir begründen das lediglich anders als ein Geiselnehmer, und wenn auch der Entzug der Freiheit nicht so intensiv und unter Bedrohung des Lebens erfolgt, dann dafür umso länger und nachhaltiger. Unabhängig von solchen theoretischen Erwägungen waren in der konkreten Situation die Gefühle Buschke gegenüber eine Mischung aus Angst, Schrecken und maßloser Wut. Die Vorstellung, dass der Pfarrer missbraucht oder getötet werden könnte, war beinahe unerträglich. Von der Angst, die er jetzt ausstehen musste, ganz zu schweigen. Man war, örtlich gesehen, so nah dran am Geschehen, und konnte doch nicht eingreifen, ohne das Leben des Pfarrers in Gefahr zu bringen.

Buschke meldete sich, als sei er zu Hause angerufen worden und säße in seinem Wohnzimmer im Sessel. »Ja, hier Buschke, hallo?«

Der Lehrer stockte erst, stellte sich dann vor und fragte Buschke nach einigen Sätzen, die zur Beruhigung und Deeskalation der Situation beitragen sollten, was er denn wolle. Im Raum war es nun totenstill, wir starrten alle auf das Telefon. Nach einigen Momenten sagte Buschke, und man hatte das Gefühl, er lächelte dabei: »Das sage ich Ihnen später! Geduld, nur Geduld!«

Wir sahen uns alle fragend an. Im Hintergrund hörte man aus Buschkes Hörer ein leichtes Wimmern und

Stöhnen. Offenbar hatte er dem Pfarrer den Mund zugebunden. Bevor unser Erstsprecher sich erkundigen konnte, wie es dem Pfarrer gehe, legte Buschke auf. Die beiden Streifenpolizisten, die zuerst in der Anstalt eintrafen, waren nicht unbedingt zu beneiden. Der Ältere der beiden war vielleicht fünfundzwanzig Jahre alt. Die Polizei schickte zunächst die Beamten in die Anstalt, die am schnellsten dort sein konnten, und das waren nun diese beiden Dienstanfänger, die gerade in der Nähe Streife gefahren waren. Nachvollziehbarerweise war das Bestreben der Beamten also in erster Linie, schnellstmöglich einen höherrangigen Kollegen vor Ort zu bekommen und bis dahin nicht allzu viel falsch zu machen. Der Ältere ließ sich kurz vom Anstaltsleiter über den Sachstand in Kenntnis setzen und informierte dann telefonisch die Polizeiführung. Von dort wurde ein speziell für Geiselnahmen ausgebildetes Sondereinsatzkommando aktiviert. Dem jungen Polizisten wurde mitgeteilt, dass es einige Zeit dauern könne, bis dieses vor Ort wäre, dass aber in Kürze andere Kollegen zur Unterstützung kämen. So war es dann auch. Es dauerte nicht lange und die nächsten Polizisten trafen ein. Sie wurden immer ranghöher, die Sterne auf den Schulterklappen immer mehr. Das führte allerdings nicht dazu, dass nun Entscheidungen getroffen wurden, in welche Richtung auch immer. Irgendwann war sogar ein leitender Staatsanwalt vor Ort, der, mit der Frage konfrontiert, ob es nicht möglich sei, den Raum mit dem Geiselnehmer und dem Pfarrer abzuhören, erst einmal im Gesetzbuch blättern ließ.

Bei dieser Geiselnahme mit einer unmittelbaren Lebensgefahr für den Betroffenen war leider zu sehen, wie schlecht die Justiz mit existenziellen Herausforderungen umgehen konnte und wie wenig das System in der Lage war, wirkliche Verantwortung zu übernehmen. Alles würde nach Recht und Gesetz ablaufen, auch wenn die Geisel sterben sollte.

So wurde die Zeit also überbrückt, bis schließlich, nach fast zwei Stunden, das Sondereinsatzkommando eintraf. Während dieser Zeit telefonierte unser Erstsprecher alle zehn oder fünfzehn Minuten mit Buschke. Es war immer der Beamte, der anrief. Manchmal ging Buschke nicht ans Telefon. Wenn er abnahm, bat er süffisant und überheblich um etwas Geduld.

Der unterirdisch gelegene Besucherraum, in dem er den Pfarrer als Geisel genommen hatte, hatte ein kleines Fenster zum Gang, das von innen mit einem Vorhang verhangen war. Ein Beamter schlich sich von Zeit zu Zeit über den Gang an die Tür, um zu lauschen, ob etwas zu hören war. Manchmal war Buschke zu vernehmen, ohne dass zu verstehen war, was er sagte. Den Pfarrer hörte er nicht. Wir hatten größte Sorge, ob er überhaupt noch am Leben war.

IV.

Der Mann, der binnen Sekunden vom Pfarrer zur Geisel und zum Opfer geworden war, war uns allen wohlbekannt. Ein sehr kleiner, dürrer Mann um die sechzig, der sich seit vielen Jahren ehrenamtlich für Inhaftierte engagierte, gerade für solche, die draußen niemanden mehr hatten – bei langjährig Inhaftierten und Sicherungsverwahrten fast die Regel. Sie haben kaum noch menschlichen Kontakt zur Außenwelt und sollen doch in diese integriert werden. Für viele Beamte, die nicht verstehen wollten, warum sich der Pfarrer ausgerechnet für die »Schlimmsten der Schlimmen« engagierte, war er eine »Nervensäge«. Er rief ständig einzelne Sachbearbeiter an. Deren Arbeit in der JVA besteht zum großen Teil darin, Anträge der Gefangenen abzulehnen, und jedes Nein führt zum Konflikt. Viele versuchen daher, diesen Konflikten so weit als möglich aus dem Weg zu gehen, indem sie mit den Gefangenen nur noch schriftlich kommunizieren. Diese wiederum versuchen dann, den Entscheidern ihre Ablehnungsbescheide nicht zu leicht zu machen und über Dritte auf sie einzuwirken. Meist sind es die uniformierten Beamten vor Ort, die von Inhaftierten gebeten werden, mit dem Abteilungsleiter über ihr Anliegen zu sprechen. Wenn es dem Gefangenen auch noch gelingt, den uniformierten Beamten in dem Anliegen auf seine Seite zu ziehen, wird es dem Abteilungsleiter schon schwerer fallen, es abzulehnen. Letztlich zeigt sich in solchen täglichen Vorgängen, dass die Arbeit im Gefängnis, allen Sonntagsreden über Resozialisierung und Sicherheit der Allgemeinheit zum Trotz, in einer dauernden Repression besteht, die für beide Seiten, Gefangene und Bedienstete, belastend ist. Allein schon die exorbitant hohe Anzahl der Krankentage bei den im Strafvollzug tätigen Mitarbeitern lässt Rückschlüsse auf eine geringe Arbeitszufriedenheit und eine hohe Stressbelastung zu. Entsprechend sensibel also reagiert das System, wenn über die tägliche Flut von Anträgen hinaus versucht wird, über Dritte wie den Pfarrer noch zusätzlich Druck zu entfalten. Und dieser Druck des Pfarrers war nicht unerheblich, denn er pflegte auch bereits mehrfach abgelehnte Anträge der Gefangenen mit klugen Argumenten, zum Teil auch an der Grenze zur emotionalen Manipulation, neu aufs Tapet zu bringen. Er fragte dann zum Beispiel, ob ein Gefangener wirklich keinen Ausgang bekommen könne, ein anderer, in jeder Hinsicht vergleichbarer Insasse habe doch vor Kurzem auch Ausgang bekommen. Außerdem habe der Gefangene inzwischen zum christlichen Glauben gefunden, seine Frau sei schwer krank und so weiter. Es gab auch immer wieder Hinweise darauf, dass der Pfarrer den von ihm betreuten Inhaftierten etwas mitbrachte, ohne sich dies ordnungsgemäß genehmigen zu lassen. Dabei ging es natürlich nicht um gefährliche Dinge wie Drogen oder Waffen, sondern um Bücher, Esswaren und Ähnliches. Dies trug letztlich auch dazu bei, dass er von den Inhaftierten geschätzt, von den Beamten aber eher misstrauisch beäugt wurde. Ein besonderer Dorn im Auge war er für die beiden fest in der JVA angestellten Geistlichen, einen evangelischen Pfarrer und einen katholischen Diakon, die jegliche seelsorgerische Betreuung der Gefangenen als ihr Hoheitsgebiet ansahen, in das der Pfarrer eindrang. Sie unterstellten ihm sogar unlautere Motive, da der Pfarrer, anders als sie selbst, nur solche Gefangenen betreute, die sich ausdrücklich zum christlichen Glauben bekannten. Ausgerechnet er war nun das Opfer einer Geiselnahme. War das die extreme Eskalation der Triade Pfarrer-Gefangene-Gefängnisverwaltung? Oder war er nur, ganz profan, ein leichtes und für eine Geiselnahme besonders geeignetes Opfer? So oder so, es war allen bewusst, dass er sich in größter Lebensgefahr befand.

Die Sonne war inzwischen untergegangen. Während Gefängnisse tagsüber meist eine aggressive, kalte Atmosphäre ausstrahlen, können sie nachts sogar ein wenig das Gefühl von Geborgenheit vermitteln, wenn es auch eine falsche Geborgenheit ist. Ab 22 oder 23 Uhr ist es meist sehr ruhig in der Anstalt, viele Gefangene schlafen schon, einige sehen noch fern. An diesem Tag war alles anders. Die anderen Inhaftierten hatten längst mitbekommen, was vor sich ging, und einige sahen das

Ganze als eine Art Happening an. Sie grölten, johlten und schlugen mit ihrem Essgeschirr gegen die Fenstergitter. Auch vor der Anstalt war es nicht, wie sonst um diese Zeit, menschenleer. Da inzwischen dort um die zwanzig Polizeifahrzeuge standen, hatten auch die örtlichen Medien etwas mitbekommen, und so dauerte es nicht mehr lange, bis Vertreter der großen Fernsehsender und Massenmedien vor Ort auftauchten. Auch immer mehr Schaulustige wurden angezogen. Über dem Ganzen kreiste inzwischen ein Polizeihubschrauber, dessen grelle Strahler hin und wieder einzelne Bereiche der Anstalt in ein unnatürliches Licht tauchten, worauf die Gefangenen, wenn sie es mitbekamen, jedes Mal anfingen zu jubeln und Lärm zu veranstalten wie Fußballfans in der Ultrakurve.

V.

Inzwischen hatte ein Sprecher der Polizei, der gerade von einem Einsatz aus einer anderen Stadt kam, bei dem ein alkoholisierter und unter Drogen stehender Mann seine Freundin als Geisel genommen hatte, die Kommunikation mit Buschke übernommen. Er sagte Buschke immer wieder, dass er ein Lebenszeichen von dem Pfarrer brauche. Buschke ging darauf nicht ein und stellte weiterhin keine Forderungen. Das war beängstigender, als jede Forderung es hätte sein können. Stattdessen stellte er dem Polizeisprecher Fragen, wie viele Beamte vor Ort seien, ob das Sondereinsatzkommando eingetroffen und schon der Befehl zum finalen Rettungsschuss erteilt worden sei. Der Mann gab dazu, aus naheliegenden Gründen, keine näheren Auskünfte, wies aber Buschke zunehmend deutlich darauf hin, dass er jetzt noch die Chance hätte, die Sache zu beenden, ohne dass jemand zu Schaden käme. Die Beamten des Sondereinsatzkommandos waren zu diesem Zeitpunkt bereits in der Nähe der Tür zum Besucherraum, bereit, diesen zu stürmen. Vielleicht hatte Buschke sie gehört, vielleicht hatte er es auch geahnt, jedenfalls kam flüsternd über Funk die Mitteilung des Kommandoführers vor Ort, dass die Türe sich langsam öffnen würde. Er bekam den Befehl, abzuwarten.

Nach einigen Sekunden wieder die Stimme des Kommandoführers: »Buschke! Es ist Buschke, er kommt raus!«

Dann der Befehl: »Zugriff! Zugriff!«

Wir hörten nichts mehr.

VI.

Der Pfarrer war aschfahl im Gesicht. Sein Mund war mit dickem schwarzen Klebeband verklebt, seine Hände hinter dem Rücken, auch mit Klebeband, gefesselt. Ein Schuh lag neben ihm, den anderen hatte er noch an. Er lag wie ein Hund auf dem Boden, zusammengerollt, merkwürdig verkrümmt, gedemütigt, hilflos. Er wimmerte kraftlos, seine Augen blickten leer und starr.

Er war mit dem Leben davongekommen. Immerhin das.

Und Buschke? Warum hatte er das getan? Er selbst gab nie eine Antwort darauf, auch später nicht vor Gericht, als er zu einer mehrjährigen Freiheitsstrafe mit anschließender Sicherungsverwahrung verurteilt wurde. Er würde also jetzt, paradoxerweise, für sehr lange, vielleicht für immer, in einer Einrichtung bleiben, in der er einem Menschen so sehr geschadet hatte. Das Gefühl, die Macht zu haben, über den Pfarrer, über das Gefängnis, über uns alle, schien ihm das wert gewesen zu sein.

Dieses Gefühl wegtherapieren zu wollen und dafür über die Jahre viel Geld auszugeben, wäre von vornherein zum Scheitern verurteilt. Menschen ändern ihr Verhalten, wenn sie sich einen Nutzen davon versprechen. Doch wenn dieses Gefühl für Buschke so groß, so berauschend, so wertvoll war, dass er dafür Gefängnis bis zum Lebensende in Kauf nahm, was sollte man ihm je bieten können, damit er darauf verzichtete? Schließlich hatte Buschke durch seine Tat eines gezeigt: Er hatte die Macht behalten – über die Therapeuten, die glaubten, ihn verändern zu können, über die Psychiater und Richter, die glaubten, sein Verhalten vorhersagen zu können, und über den Pfarrer, der glaubte, ihn auf den rechten Weg zu bringen.

Der Vollzugsteilnehmer

I.

Sexualstraftaten und Sexualstraftäter erregen meist großes Aufsehen. Allein die Wörter lassen erschaudern, wobei ein Sexualstraftäter auch schon jemand sein kann, der eine Frau in der U-Bahn unsittlich berührt hat. Aber die Bezeichnung Sexualstraftäter weckt zum einen Assoziationen von Vergewaltigung oder Kindesmissbrauch, und zum anderen ist das Thema Sexualität so stark mit Lust, Scham und Ängsten, aber auch mit Neid und Aggressionen besetzt, dass sich das auf das Strafrecht und Strafvollzugsrecht auswirkt. So sind in den meisten Anstalten pornografische Bilder oder Schriften, die in Freiheit völlig legal sind, verboten. Die Begründung für das Verbot lautet meist, dass es in der Anstalt auch Sexualstraftäter gäbe, die durch derartiges

Material noch weiter verdorben werden könnten. Mit dem Einsperren sollen alle aggressiven Triebe der Insassen unter Kontrolle gebracht werden, vor allem aber der Sexualtrieb. Ein Sexualstraftäter, der ja unter Beweis gestellt hat, dass er seine Sexualität auslebt und dabei die Grenzen von anderen nicht akzeptiert, lässt im Vollzug also alle Alarmglocken schrillen. Auf Ausgang oder vorzeitige Entlassung hat er kaum eine Chance, stattdessen wird er mit Therapieangeboten überhäuft. Das kann auch Gefangene betreffen, die wegen exhibitionistischer Handlungen verurteilt worden sind, weil sie wieder einmal betrunken nackt durch den Stadtpark gelaufen sind, um Leute zu erschrecken. Nur ganz wenige sind wegen sexuellen Missbrauchs von ihnen bis dato unbekannten Personen oder gar Kindern verurteilt. Und noch weniger sitzen im Gefängnis, weil sie ihr Opfer sexuell missbraucht und danach umgebracht haben. Dennoch, Sexualstraftäter sind sie alle.

Seit jeher werden die größten therapeutischen Bemühungen in ihre Behandlung gesteckt. Zum einen, weil man eine besonders hohe Rückfallgefahr befürchtet, zum anderen ist der öffentliche Druck auf die Politik bei schweren Sexualdelikten ausgesprochen hoch. Da muss dann schnell etwas getan werden oder der Öffentlichkeit zumindest das präsentiert werden, was schon getan wird und getan worden ist. Es war immer wieder erstaunlich, dass für die therapeutische Behandlung von Sexualstraftätern ausreichend Geld zur Verfügung gestellt wurde, auch wenn es sonst so knapp war. Das soll kein Plädoyer dafür sein, keine Gelder mehr für diesen Zweck auszugeben, nach dem Motto »Zusperren und Schlüssel wegwerfen«. Gerade Sexualstraftäter waren in ihrer Kindheit und Jugend oft selbst Opfer sexuellen Missbrauchs, was ihre Taten nicht im Geringsten rechtfertigt, aber zumindest ein Stück erklärbar macht. Die Erfolgsaussichten solcher Behandlungen sind allerdings denkbar gering.

Dafür leiden die Betroffenen dann oft genug an einer Therapie, die nichts bringt, die sie aber absolvieren müssen, um (bei schwereren Sexualstraftaten) zum Beispiel eine Sicherungsverwahrung im Anschluss an die Haft zu vermeiden. Dort müssen sie dann über viele Monate und Jahre ihr Innerstes nach außen kehren und im Rahmen einer Wohngruppe innerhalb der Anstalt ihren gesamten Alltag zusammen mit anderen Sexualstraftätern gestalten. Und vor allem: Von homosexuellen Kontakten (und den seltenen Fällen von Beziehungen zwischen Gefangenen und Bediensteten) abgesehen, gibt es im Gefängnis meist keinerlei Möglichkeiten, überhaupt sexuell in Versuchung zu kommen oder »normgemäße« Sexualität zu erlernen! Wie soll denn einer, der in Freiheit immer wieder Frauen vergewaltigt hat, ausgerechnet hier lernen, seine Sexualität anders auszuleben? Und sexuelle Neigungen, wie zum Beispiel die Pädophilie, kann man so gut wie nicht beeinflussen.

Um die Behandlung von Sexualstraftätern hat sich allerdings eine riesige Industrie aufgebaut. Das betrifft nicht nur die zahlreichen und zunehmenden Therapeutenstellen im Strafvollzug selbst. Auch die Zunft der psychiatrischen und psychologischen Gutachter ist in erster Linie um die Sexualstraftäter herum entstanden. Das sind in der Wissenschaft, in freier Praxis oder in Anstellung tätige Fachleute, die dann in der Regel neben ihrer Haupttätigkeit im Auftrag von Gerichten, Staatsanwaltschaften und Justizvollzugsanstalten Gutachten dazu erstellen, ob ein Gefangener noch gefährlich ist, ob er ausreichend therapeutisch behandelt worden ist, welche therapeutische Behandlung angezeigt ist und anderes mehr. Ein Gutachten kostet, je nach Umfang, einige tausend Euro.

Inzwischen gibt es auch immer mehr ambulante Einrichtungen zur Therapie und Begleitung von Sexualstraftätern, gerade auch für die Zeit nach der Haft. Die Justiz ist dankbar für diese florierende Zunft, kann sie sich doch bei allen juristischen Entscheidungen auf die fachgutachterlichen Äußerungen stützen. Auch die Politik ist gerne bereit, zum Schutz der Allgemeinheit vor Sexualstraftätern alle finanziellen Mittel freizumachen. Ob die Allgemeinheit davon allerdings etwas hat, ist fraglich. Bei den sehr wenigen wirklich schlimmen Sexualstraftätern erzeugen therapeutische Maßnahmen eher eine Scheinsicherheit. Nach dem Motto »der hat jetzt sieben Jahre lang jedes therapeutische Modul in unserer Anstalt mehrfach durchlaufen, das muss doch etwas gebracht haben«. Vereinzelt kommt es dann zu weiteren sehr schweren Straftaten von Menschen, die angeblich erfolgreich therapiert wurden.

Die Zahl der gravierenden Sexualstraftaten ist, langfristig gesehen, rückläufig. Mit dem Strafrecht oder der speziellen Behandlung von Sexualstraftätern im Vollzug hat das jedoch wohl kaum etwas zu tun. Eher damit, dass man sich nun früher und besser um Kinder kümmert, die an psychischen oder sozialen Problemen leiden oder die Opfer von Missbrauch oder Gewalt geworden sind. Diese Kinder werden später weniger straffällig, wenn ihnen früher und besser geholfen wird. In diesen Bereichen wären Gelder und Ressourcen viel sinnvoller angelegt als für die Therapie von Menschen, die sie nicht wollen und bei denen sie nichts bringt. Wie bei dem als Sexualstraftäter verurteilten Tumar.

II.

Der Tatort war ein winziger Friseursalon, gelegen an der Ausfallstraße eines kleinen Ortes mit rund 2000 Einwohnern. Die nächste größere Stadt lag weit entfernt, eine Tankstelle, ein Krämerladen und eine Kneipe mit angeschlossener Pension waren alles, was dieser Ort zu bieten hatte. Und Helgas Friseursalon.

Die Schaufensterbilder von Damen und Herren waren schon vergilbt und angerissen, die dort beworbenen Frisuren längst aus der Mode. Wenn der Laden geschlossen hatte und man zum ersten Mal daran vorbeifuhr, hätte man gedacht, er müsse seit Jahren schon geschlossen sein. Und doch war er fünf Tage in der Woche geöffnet. Seit vierzig Jahren. Helga lebte für diesen Laden. Sie war über sechzig und alleinstehend, seit ihr Mann, ein Alkoholiker, den sie viele Jahre lang mit durchgezogen und gepflegt hatte, an Krebs verstorben war. Er hatte den Tod des einzigen gemeinsamen Sohnes nie verkraftet, der mit sechzehn bei einem Unfall mit seinem Mofa ums Leben gekommen war.

Helga wohnte in einer kleinen Zweizimmerwohnung direkt über dem Laden. Ihre Kundschaft bestand hauptsächlich aus Senioren, von denen es viele in dem Ort gab. Helga hatte keine festen Mitarbeiter, aber zwei Auszubildende, die schon im Feierabend waren. Sie hatten noch die Räumlichkeiten gesäubert und mussten dann den letzten Bus erwischen, der sie zum Bahnhof im nächsten Ort brachte. Helga war nun allein in ihrem Salon. Jeder im Dorf kannte sie, und sie kannte jeden. Nicht aber Tumar, ihren letzten Kunden an diesem Tag. Denn Tumar wohnte nicht hier. Warum er hier war und in der kleinen Pension übernachtete, wurde nie ganz klar. Er lebte seit Jahr und Tag von Sozialhilfe, berufliche Gründe konnten es also nicht sein. Und später vor Gericht würde er nicht viel sagen, sondern nur hin und wieder die Richter und den Staatsanwalt sowie seine eigene Rechtsanwältin beleidigen. Jedenfalls war er im Dorf und hatte einen Friseurtermin bei Helga. Wo gab es das noch, einen Herrenhaarschnitt für unter zehn D-Mark? Helga hatte jene Art von Selbstbewusstsein, das seine Kraft nicht aus der Abwertung anderer schöpfte. Sie war freundlich, interessiert und offen, konnte sich aber gut abgrenzen. Bei Tumar gelang ihr das nicht. Er war ihr vom ersten Augenblick an unangenehm. Ohne dass sie dies bereits an dem, was er sagte oder tat, hätte festmachen können, wirkte er durch seine Gesten, seine Blicke, seine Mimik und sein Auftreten überheblich und grenzüberschreitend. Als sei nicht er Kunde in Helgas Salon, sondern sie zu Gast bei ihm und er ließe sich herab, sich von ihr die Haare schneiden zu lassen. Aber wie hätte Helga reagieren sollen? Einem Kunden, vielleicht einem zukünftigen Stammkunden, sagen, er solle ihren Salon wieder verlassen, weil sie ihn unsympathisch, ja zunehmend abstoßend fand? Sie blieb höflich, auch als seine Bemerkungen immer anzüglicher wurden.

»Und, so eine schöne Frau ganz allein und einsam in einem Friseursalon, da kommen einem doch sicher mal die Gedanken, den ein oder anderen Kunden zu vernaschen, was?«

Sie lächelte, als hätte er ihr ein freundliches Kompliment gemacht. »Wo denken Sie hin? Ich bin eine alte Frau, und außerdem … hier geht es nur ums Haareschneiden. Was hat Sie eigentlich in unseren Ort verschlagen?«

Tumar ließ nicht mehr locker. Er wich keinen Millimeter von seinem Weg ab, aber, wenn überhaupt, könnte nur er selbst sagen, ob er zu dem Zeitpunkt bereits das wollte, was später kam.

»Ich wollte einmal eine schöne Frau wie Sie kennenlernen!«

In der Tour ging es weiter. Als sie ihn fragte, ob er noch eine Kopfmassage wünsche, antwortete er: »Ja, und nicht nur dort!«

Helga war froh, als der Haarschnitt endlich fertig war. »Gehen wir noch kurz hinter zum Waschbecken, um die Härchen herauszuwaschen?«

Das war ein Fehler, ein furchtbarer Fehler. Sie gingen in den kleinen, von der Straße nicht einsehbaren Seitenraum mit dem Waschbecken. Sie bat Tumar, auf dem Sitz vor dem Waschbecken Platz zu nehmen und seinen Kopf nach hinten zu legen.

»Da legt gleich jemand ganz anderes seinen Kopf nach hinten, würde ich sagen!«

Helga fuhr es eiskalt den Rücken herunter, sie erstarrte für einen Moment, Panik kroch ihr vom Bauch in den ganzen Körper, dann ins Bewusstsein, aber es war bereits zu spät. Tumar warf sie auf den Sitz und griff nach einer spitzen Schere in einem kleinen Wagen mit Schneidewerkzeug und Kämmen. Als sie schrie und versuchte, aufzustehen, drückte er ihre Kehle mit dem Unterarm gegen die Stuhllehne und hielt ihr mit der anderen Hand die Schere ganz dicht vor die Augen.

»Wenn du nicht sofort dein Maul hältst, du geile Schlampe, dann steche ich dir die Augen aus!«

Helga konnte sich nicht mehr kontrollieren und schrie noch lauter. Da stach er zu. Kurz und fest. Mitten in ihr linkes Auge. Den Schmerz würde sie erst später fühlen. Sie erstarrte. Der Schock half ihr zumindest, das zu ertragen, was sie ohnehin nicht mehr ändern konnte. So gut es eben ging. Er vergewaltigte sie. Danach band er ihr beide Füße mit Handtüchern am Sitz und ihre Hände an den Lehnen des Sitzes fest. Er stopfte ihr ein Handtuch in den Mund und band einen Schal darum, so dass sie das Handtuch nicht ausspucken konnte. Dann nahm er sich das Geld aus der Kasse, etwa 200 Mark, und ging.

Er hatte in der Kneipe des Ortes einige Gläser Bier und Schnaps getrunken, als er von der Polizei verhaftet wurde. Helga war es nach etwa einer Stunde gelungen, sich selbst zu befreien und die Polizei zu alarmieren. Die musste nicht lange nach Tumar suchen, denn sein Name stand im Terminkalender des Friseursalons, und auch in der Pension hatte er sich mit seinem Namen angemeldet. Möglicherweise hatte er sich spontan entschlossen, das zu tun, was er getan hatte. Das wäre zumindest eine logische Erklärung. Er war jedoch ein Mensch, bei dem alle für anderen Menschen nachvollziehbaren Erklärungen seines Verhaltens versagten. Vielleicht wollte er erwischt werden, oder er dachte, man würde ihn nicht fassen, auch wenn man seinen Namen kannte. Am wahrscheinlichsten war, dass es ihm einfach nur egal war.

Helga war eine bewundernswert starke Frau. Bereits wenige Tage nach dem Überfall eröffnete sie ihren Salon wieder. Auf ihrem linken Auge blieb sie blind, es war durch den brutalen Stich zerstört worden. Sie trug von da an eine schwarze Augenklappe und sah aus wie eine Piratin. Und das war sie auch. Eine echte Kämpferin. Als Zeugin vor Gericht trat sie ungebrochen und selbstbewusst auf. Sie schilderte sachlich das, was geschehen war, und würdigte Tumar keines Blickes. Sie nannte ihn in ihren Schilderungen den Angeklagten. Eine Lokalzeitung hat sie viele Jahre später, zu ihrem 80. Geburtstag, besucht, um einen Bericht darüber zu veröffentlichen, wie es ihr nun ginge und wie sie die schreckliche Tat verarbeitet hätte. Sie betrieb immer noch ihren Salon, fünf Tage in der Woche. Als sie nach Tumar gefragt wurde, sagte sie, sie hätte ihn und die Tat zum größten Teil längst vergessen. Ob sie jetzt ängstlicher sei als vor der Tat und irgendwelche Vorsichtsmaßnahmen in ihrem Salon ergreife? »Warum sollte ich? Ich betreibe diesen Salon jetzt seit sechzig Jahren. Wissen Sie, wie viele verschiedene Kunden ich in dieser Zeit hatte? Zehntausende! Alle haben mich gut behandelt, außer diesem einen. Und wie groß ist denn die Wahrscheinlichkeit, dass es Menschen wie Tumar gibt? Soll ich wegen diesem einen nun mein Verhalten, und letztlich mich, ändern? Das wäre schlimm. Dann hätten er und seinesgleichen gewonnen. Nicht nur das, und das wäre noch schlimmer: Wir hätten sie gewinnen lassen!« Der Reporter der Zeitung wollte diese Einstellung offenbar nicht so recht glauben, vielleicht war ihm auch eine Schlagzeile, in der das Wort Hass vorkommt, wichtig. »Aber Sie müssen ihn doch hassen? Nach dem, was er Ihnen angetan hat?«

»Natürlich habe ich ihn am Anfang gehasst, und es hat auch einige Zeit gedauert, bis ich nicht mehr ständig an ihn denken und ihn hassen musste. Aber wer hat etwas davon, wenn ich ihn hasse? Ihm geht es damit nicht schlechter, und mir nicht besser. Im Gegenteil, wenn ich hasse, geht es mir schlechter. Es ist mir heute egal, was mit ihm ist. Ich will einfach nie wieder etwas von ihm sehen oder hören. Ob er in Haft oder in Freiheit ist? Ich weiß es nicht und will es auch nicht wissen. Vielleicht ist er ja auch schon gestorben.«

III.

Tumar war nicht gestorben. Er lebte. Im Gefängnis. Und quälte nun uns, wofür wir ja auch bezahlt wurden.

»Ich schlucke nun keine Rasierklingen mehr!« Diese Aussage war durchaus bemerkenswert, denn Herr Tumar hatte das seit zehn Jahren getan. Immer wieder hatte er Rasierklingen, Gabeln und andere Gegenstände geschluckt und das dann seelenruhig dem Stationsbeamten erzählt. Sofort war er ins Krankenhaus gebracht worden, wo ihm in der Regel der Bauch aufgeschnitten werden musste, um die Rasierklinge oder andere Gegenstände herauszuholen. Ein riesiger Aufwand, nicht nur medizinisch, denn Tumar musste bei der Ausfahrt ins Krankenhaus und bei seinem mehrtägigen Aufenthalt dort von mehreren Beamten bewacht werden. Von den Kosten der Behandlung ganz zu schweigen. Ihm gefiel das sehr, so im Mittelpunkt zu stehen und das System in hellen Aufruhr zu versetzen. Warum also wollte er nun damit aufhören?

»Der Arzt hat gesagt, mein Bauch ist so oft aufgeschnitten und wieder zugenäht worden, beim nächsten Mal könne er das medizinisch nicht mehr verantworten. Und so eine Rasierklinge kann im Darm schlimmste Schäden anrichten!«

Tumar erzählte mir das, als hielte er eine medizinische Vorlesung, und schien die Tatsache völlig ausblenden zu können, dass er selbst es war, der sich vielfach dieser Gefahr ausgesetzt hatte. Mich erstaunte das aus zwei Gründen: Zum einen war ich bis zu diesem Zeitpunkt immer überzeugt gewesen, Tumar könne gar nicht anders, als sich ab und zu so etwas anzutun. Aus Selbsthass, um sich selbst zu spüren, aus welchen Gründen auch immer, die stärker als der eigene Wille waren. Der eine raucht, der andere schluckt Rasierklingen. Wenn es ihm nun tatsächlich gelingen sollte, damit aufzuhören, wäre ich hier eines Besseren belehrt worden. Zum anderen nahm ich an – ohne einem gewissen Widerspruch zur ersten Annahme allzu tief auf den Grund gegangen zu sein –, dass jemand, der so mit sich umgeht, nicht wirklich an seinem Leben hängen kann. Auch das schien anders zu sein.

IV.

Insgesamt war Tumar unglaublich anstrengend. Diese Beschreibung trifft es wohl am besten. Er nahm mehr von unserer Zeit in Anspruch als dreißig andere Inhaftierte zusammen. Mal beschmierte er die Wände seines Haftraums mit Kot, mal schmiss er seinen Fernseher auf den Gang, mal fügte er einem Schreiben an das Gericht eigenes Ejakulat hinzu. Vor allem aber beleidigte und bedrohte er alle und jeden. So verging kein Tag, wirklich kein einziger Tag, an dem er nicht mehrere Straftaten beging. Er wurde nie körperlich gewalttätig, aber er beklaute Mitgefangene, schrieb Briefe mit übelsten Beleidigungen an Gerichte, Staatsanwaltschaften und Gefängnisleitung und drohte den Stationsbeamten, sie kaltzumachen, wenn er wieder in Freiheit wäre. Einmal onanierte er in der Gemeinschaftsdusche vor den Augen einiger Mitglieder der Russenmafia. Einer von ihnen erzählte es mir später, verbunden mit der aus meiner Sicht souveränen Aussage, sie würden sich an so jemandem nicht die Hände schmutzig machen, zumal sie selbst nur Nachteile davon hätten.

Unser Staat ist nicht ganz so souverän. Justizvollzugseinrichtungen sind verpflichtet, jeden Verdacht einer Straftat zur Anzeige bei der Polizei beziehungsweise der Staatsanwaltschaft zu bringen. Damit soll verhindert werden, dass Gewalt unter Gefangenen oder sonstige Missstände von der Anstalt unter den Tisch gekehrt werden, und sichergestellt sein, dass gravierendere Vorfälle möglichst objektiv durch eine externe Behörde aufgeklärt werden. So weit, so einleuchtend.

Man kann sich nun allerdings fragen, ob es wirklich ein sinnvoller Einsatz von Ressourcen ist, wenn langjährige, bis hin zu lebenslänglich Inhaftierte wegen jeder Beleidigung oder jedes kleinen Diebstahls von Kaffee angezeigt werden. Die Polizei muss ermitteln, die Staatsanwaltschaft meist ein Verfahren einleiten, und sei es nur, um es dann wegen Geringfügigkeit wieder einzustellen. Nicht selten kommt es sogar zu einem gerichtlichen Prozess, und jemand, der ohnehin vielleicht noch zehn Jahre zu verbüßen hätte, bekommt dann einen weiteren Monat Freiheitsstrafe. Die örtliche Polizei ist dafür oft gar nicht so undankbar, denn derartige Straftaten in Haft garantieren eine hohe Aufklärungsquote und sind gut für die Statistik. Eine Änderung dieser Praxis ist nicht in Sicht. Das würde ein System voraussetzen, das die Übernahme von Verantwortung belohnt und nicht bestraft. Im Strafvollzug ist es jedoch, wie bereits angedeutet, genau umgekehrt. Wer letztverantwortlich entscheiden würde, dass nicht jede Kleinigkeit zur Anzeige gebracht werden muss, setzt sich der Gefahr aus, dass irgendeine nicht angezeigte Kleinigkeit gar keine war und oder aus sonstigen Gründen zum Skandal wird … Ein Gefangener könnte sich an die Medien wenden, dass er von Stärkeren erpresst und unter Druck gesetzt würde, und die Anstalt täte nichts, um ihn zu schützen … Beamte könnten sich an die Politik wenden, dass sie von Gefangenen ungestraft beleidigt, bedroht und genötigt würden ... Und überhaupt: Warum sollte man dazu beitragen, letztlich Steuergelder zu sparen, wenn der Steuerzahler das nicht goutiert, sondern, ganz im Gegenteil, mit Kritik nicht spart, wenn die Illusion eines klinisch sauberen Rechtssystems in Gefahr gerät? Das Gefängnis als Institution wird, wenn auch von den meisten unbewusst, nicht geschätzt für die Übernahme von Verantwortung im Sinne einer Lösung von gesellschaftlichen Problemen und Konflikten. Sein Wert ist symbolischer Natur. Das Gefängnis ist ein Symbol dafür, von Menschen ausgehende Gefahren im Griff zu haben und sich dabei nicht von blinden Gefühlen der Angst und Wut, sondern der Vernunft, gegossen in die Form des Rechts, leiten zu lassen.

In allen Bereichen wird dabei mit der Begründung, die Verantwortung für die Sicherheit besonders ernst zu nehmen, indem man sie auf möglichst viele Schultern verteilt, faktisch erreicht, dass niemand mehr wirkliche Verantwortung trägt. Missstände und Schäden können nicht mehr zugerechnet werden und niemand muss sich mehr verantwortlich fühlen. Passiert etwas, das nicht in dieses idealisierte Bild passt – ein Gefangener flieht, ein als therapiert geltender Gefangener begeht wieder eine schlimme Straftat, ein Gefangener bringt einen anderen Gefangenen um oder Ähnliches –, dann möchte die Öffentlichkeit nicht sachlich über die Grenzen und Möglichkeiten des Strafvollzuges informiert werden. Sie möchte, dass das überhöhte Bild, das sie von ihm und damit sich selbst hat, bestätigt wird. Das Gefängnis als Institution kann nur überleben, solange es diese Illusion aufrechterhält und die falschen Erwartungen der Gesellschaft bestätigt. Und dazu gehört es eben auch, jede noch so unwichtige Kleinigkeit zur Anzeige zu bringen.

Dass mit dem Gefängnis nicht tatsächlich das verbunden ist, was die Allgemeinheit mit ihm verbunden haben will, zeigte sich bei Tumar übrigens auch in einer anderen Weise. Für ihn war das Gefängnis keine Strafe, sondern das höchste der Gefühle. Er genoss dieses paranoide System in vollen Zügen. Er gab sich noch nicht einmal Mühe zu verbergen, wie er sich freute, wenn die Polizei ihn zum hundertsten Mal wegen eines Vergehens vernahm und er die zuständigen Beamten beleidigen konnte, um gleich wieder eine Anzeige zu kassieren. Seine regelmäßigen Ausfahrten zu Gericht waren für ihn noch größere Höhepunkte als die Ausfahrten ins Krankenhaus.

Eine Staatsanwältin brachte er zum Weinen, einen Richter bezeichnete er als Roland Freisler für Arme, und freiwillig übernahm schon lange kein Rechtsanwalt mehr seine Verteidigung. Uns in der JVA überzog er mit unzähligen Beschwerden, Landtagseingaben, Anzeigen und Anträgen auf gerichtliche Entscheidung. Er schrieb jeden Tag mindestens zehn Seiten auf seiner alten Schreibmaschine. Jedes dieser Schreiben musste ordnungsgemäß bearbeitet werden. Er schrieb in einfacher Sprache, mit vielen Rechtschreib- und Grammatikfehlern, aber dumm war er überhaupt nicht, und das war ein Problem. Wenn er etwa mit ausführlichster und keineswegs abwegiger Begründung beantragte, in ein Freibad ausgeführt zu werden, Ausgang ins Bordell zu bekommen oder wahlweise Prostituierten die Übernachtung bei ihm zu ermöglichen oder ihm vielbändige juristische Kommentare zur Verfügung zu stellen, dann erforderte es erhebliche Mühe, dies juristisch korrekt abzulehnen. Er wusste das Rechtsschutzsystem für Gefangene meisterhaft für seine Zwecke auszunutzen, und dieses Rechtsschutzsystem ist uferlos. Uferlos in der

Hinsicht, dass es zahlreiche Wege gibt, Rechtsschutz zu suchen, uferlos allerdings auch in dem Sinne, dass Gefangene auf diesen Wegen selten zu ihrem Recht kommen.

Jedem Gefangenen steht es zu, sich über jede Maßnahme oder jedes Unterlassen einer Maßnahme beim Anstaltsleiter zu beschweren. Ist er mit dessen Entscheidung nicht einverstanden, kann er sich darüber beim Justizministerium beschweren. Daneben gibt es die für alle Bürger bestehende Möglichkeit, die vielfach von Gefangenen genutzt wird, eine Petition an den Landtag zu stellen. Dort muss sich ein Petitionsausschuss mit dem Anliegen befassen. Das alles kostet den Gefangenen nichts, bringt ihm so gut wie nie etwas, ist aber in der Regel für die Anstalt mit einem immensen und unfruchtbaren Arbeitsaufwand verbunden. Spezialisten wie Tumar schaffen es, fünfzigseitige Landtagseingaben zu stellen, in denen sie sich über alles Mögliche beschweren. Das geht von der angeblich mangelhaften Zahnbehandlung, dem angeblich verfaulten Käse bei der Abendkost und der angeblich zu Unrecht ausgesprochenen Disziplinarmaßnahme über die Behauptung, dass die Anstalt zu wenig gegen einen laut schnarchenden Gefangenen in der Nachbarzelle unternehme und ein Beamter ihn geduzt habe, bis hin zu dem Vorwurf, ihm würde Ausgang verweigert, obwohl er einen Anspruch darauf habe. Zu jedem einzelnen Punkt muss dezidiert Stellung genommen werden, oft gibt es zahlreiche Nachfragen des Landtages oder des Justizministeriums.

Weiterhin gibt es für die Inhaftierten die Möglichkeit, gegen jede Maßnahme der JVA – oder gegen jede von dieser unterlassene Maßnahme – einen Antrag auf gerichtliche Entscheidung zu stellen. Maßnahme in diesem Sinn kann mehr oder weniger alles sein. Die

Aufforderung eines Beamten an den Gefangenen etwa, er solle in seinen Haftraum hineingehen, ist eine gerichtlich anfechtbare Maßnahme. Für dieses gerichtliche Klageverfahren müssen Inhaftierte nicht, wie Menschen in Freiheit, einen Kostenvorschuss leisten. Wenn sie das Verfahren verlieren, können sie an den Kosten beteiligt werden, wobei viele Gefangene ohnehin kein Geld und einen riesigen Berg von Schulden haben. Wer es darauf anlegt, kann also mehrere Anträge auf gerichtliche Entscheidung an einem Tag stellen. Die Anstalt muss dann, als Beklagte, zu jedem Antrag ausführlich Stellung nehmen.

Eine weitere Möglichkeit für Inhaftierte, sich wegen (vermeintlicher) Rechtsverletzungen zu beschweren, ist durch den Anstaltsbeirat eröffnet. Jede Justizvollzugsanstalt hat einen solchen Beirat, der als externe Kontrollinstanz und auch Unterstützung der Anstalt fungieren soll. Er setzt sich unter anderem aus Mitgliedern des Landtages, Vertretern von Behörden wie der Agentur für Arbeit und Vertretern der kommunalen Politik zusammen. Jeder Gefangene kann sich in allen Angelegenheiten an diesen Anstaltsbeirat wenden. Wieder muss die Anstalt dann zu dem, was der Gefangene vorgetragen hat, Stellung nehmen.

Zu allen diesen Rechtsschutzmöglichkeiten für Inhaftierte kommen selbstredend die juristischen Mittel hinzu, die auch jeder Mensch in Freiheit hat. Die Gefangenen können etwa Strafanzeigen gegen Bedienstete stellen. Die Liste meiner eigenen, so zustande gekommenen Vor-Ermittlungsverfahren und Ermittlungsverfahren ist lang. Und da war alles dabei, von der Beleidigung (weil ich einem Gefangenen empfohlen hatte, den Psychiater aufzusuchen) über sexuellen Missbrauch (weil ich die mit einer Entkleidung verbundene körperliche Kontrolle eines Gefangenen angeordnet hatte) bis hin zur Bildung einer kriminellen Vereinigung (weil ich mit anderen zusammen eine Stellungnahme verfasst hatte, in der wir uns gegen die vorzeitige Entlassung eines Inhaftierten ausgesprochen hatten).

Auch zivilrechtlich hat ein Gefangener grundsätzlich alle Rechte, die ein Bürger in Freiheit hat. Insbesondere kann er auf Schadensersatz klagen und seinen Anspruch etwa damit begründen, dass er entgegen der Rechtslage nicht rechtzeitig entlassen worden sei oder nicht rechtzeitig Freigang bekommen habe, und deshalb seelischen und körperlichen Schaden erlitten hätte.

Viele Gefangene lassen sich in den Rechtsstreitigkeiten mit der Anstalt von Rechtsanwälten vertreten. Allerdings kennen sich langjährige Gefangene oft besser im Vollzugsrecht aus als mancher Jurist. Nach dem Gebot des effektiven Rechtsschutzes müssen auch wir als Justizvollzugsanstalt und die Gerichte die Gefangenen insoweit unterstützen, als dass das, was sie vortragen, so ausgelegt wird, dass es ihrem mutmaßlichen Begehr am weitesten entspricht.

Alles in allem also ein umfangreiches Arsenal an juristischen »Waffen«. Im Grundsatz ist das sicher auch sinnvoll, um Machtmissbrauch in den Anstalten zu reduzieren, die Welt hinter Gittern zumindest ein Stück transparenter zu gestalten und die juristischen und humanistischen Standards des Strafvollzuges langsam weiterzuentwickeln. In der Praxis hat sich dieses Rechtsschutzsystem allerdings großenteils zu einem riesigen, ressourcenfressenden Nebenkriegsschauplatz entwickelt, auf dem die Gefangenen, wie angesprochen, nur selten zu ihrem Recht kommen und der dazu verführt, die grundsätzlichen Fragen des Strafvollzuges zu vernebeln und aus den Augen zu verlieren.

Tumar jedenfalls war ein passionierter Kämpfer auf diesem Schauplatz. Dass es ihm selbst dabei lediglich darum ging, Arbeit zu machen, konnte man spätestens dann erkennen, wenn ihm das Beantragte genehmigt wurde. Meist verzichtete er dann darauf. Außerdem mussten wir ihm, da er ja Sexualstraftäter war, ständig Behandlungsangebote machen, die er meistens ablehnte, manchmal zu unserem Erschrecken aber auch annahm. Als er einmal an einer Gesprächsgruppe für Sexualstraftäter teilnahm, schaffte er es nach einer Sitzung, dass alle anderen neun Teilnehmer dieser Gruppe das Handtuch schmissen.

Irgendwann hatten wir das Gefühl, es könne so nicht mehr weitergehen. Das gesamte bürokratische System schien kurz vor dem Kollaps zu stehen, geschlagen mit den eigenen Mitteln. Die ersten Sachbearbeiter weigerten sich, Beschwerden von Tumar noch zu bearbeiten, die ersten Stationsbediensteten drohten, krank zu werden, wenn Tumar nicht verlegt werden würde. Aber was tun? Keine andere Anstalt würde ihn uns abnehmen. Sein Name war ohnehin schon überall ein Begriff, und wer ihn noch nicht kannte, dem würde ein Blick in seine Akte genügen, um sie sofort wieder zu schließen. Es kann passieren, dass die Gefangenenpersonalakte ein Bild der jeweiligen Inhaftierten zeichnet, das in seiner auf negative Abweichungen fixierten, bürokratischen Zwanghaftigkeit dem realen Menschen kaum noch entspricht. Bei Tumar war es umgekehrt. Seine Akte konnte ihn gar nicht so schwierig zeichnen, wie er war. Sie roch, nein, hier kann man es nicht anders sagen, stank wenigstens nicht so wie er. Er wusch und duschte sich so gut wie nie, und selbst nach stundenlangem Entlüften eines Raumes, in dem er sich länger aufgehalten hatte, blieb dieser von seinem Geruch wie ein Revier markiert. An einen Geruch kann man sich nur erinnern, wenn man ihn erneut wahrnimmt. Dann aber sind die Objekte oder Menschen, von denen er ausgegangen ist, und auch die Gefühle, die man mit ihm verbunden hat, sofort wieder präsent. Tumar sorgte dafür, dass man sich seiner möglichst lange in ohnmächtiger Wut erinnerte. Nein, keine andere Anstalt würde ihn uns je freiwillig abnehmen.

V.

Tumar war geradezu das Lehrbuchbeispiel eines Menschen mit einer dissozialen Persönlichkeitsstörung. Sie zeichnet sich vor allem durch fehlenden Respekt vor sozialen Regeln und Normen sowie geringe Empathie für Mitmenschen aus. Bei Weitem nicht alle Straftäter haben aber eine dissoziale Persönlichkeitsstörung, schon gar nicht eine in der Ausprägung von Tumar. Persönlichkeitsstörungen (eine Zuschreibung mit einer abwertenden Konnotation, die allerdings als psychiatrisch/psychologischer Fachbegriff hier auch so verwendet werden muss) zu behandeln, ist grundsätzlich nicht einfach. Ihre Ursachen sind meist tief in der Kindheit und Jugend verwurzelt und haben sich in langjährigen Einstellungs- und Verhaltensmustern verfestigt. Zudem ist das Zusammenspiel von natürlichen Anlagen und sozialer Umwelt zu komplex, um eindeutige Ursachen identifizieren und beheben zu können. Das besonders Fatale an solchen Störungen ist, dass sie oft in einer Art ständiger Selbstbestätigung genau das verursachen, was die Person zu vermeiden sucht, oder genau das verhindern, was der Betroffene eigentlich erreichen will. Zwanghaft kontrollsüchtige Persönlichkeiten schaffen es beispielsweise oft nicht, bestimmte wichtige Aufgaben zum Abschluss zu bringen, weil sie diese zu perfekt erledigen wollen.

Bei einer dissozialen Persönlichkeitsstörung wie der von Herrn Tumar wollen die Betroffenen selbst die sozialen Regeln bestimmen. Wenn es ihnen aber nicht gelingt, Diktator, Firmenchef, hoher Politiker oder Ähnliches zu werden, wird ihnen von der Gesellschaft immer weniger Gestaltungsspielraum gelassen, bis sie womöglich im Gefängnis landen. Sie wollen die Regeln bestimmen, und werden stattdessen immer stärker den Regeln anderer unterworfen. Eine »Heilung« von dissozialen Persönlichkeitsstörungen ist fast unmöglich, da die Betroffenen meist überhaupt keinen Leidensdruck verspüren. An ihnen leiden die anderen, ihnen selbst kann es gerade durch das Ausleben ihrer Störung wunderbar gehen. Ein gewisser Leidensdruck kann allenfalls durch Interventionen der Umwelt entstehen. Ein Mann, der beispielsweise seine Störung vor allem auf Kosten von Frauen auslebt, leidet darunter, wenn er ausschließlich mit Männern zusammen eingesperrt wird und kaum noch Kontakt zu Frauen hat. Nicht so Tumar. Bei ihm konnte man keinen Leidensdruck erzeugen, ohne sich selbst rechtswidrig zu verhalten und strafbar zu machen. Selbst dann wäre es noch zweifelhaft, ob er etwa darunter leiden würde, verprügelt zu werden, oder ob ihm das erst recht ein besonderes Vergnügen bereiten würde.

Warum war jemand wie er so anstrengend? So anstrengend, dass er gleich in mehrfacher Hinsicht von der Gesellschaft als abnormal klassifiziert wurde: in psychologischer Hinsicht als gestört und in juristischer Hinsicht als gefährlicher und chronischer Straftäter. Wie eine Krankheit häufig Aufschluss über das reguläre

Funktionieren des Körpers zulässt, so wird einem oft erst durch Menschen, die Normen und Regeln brechen, bewusst, wie sehr diese Normen unser Leben bestimmen. Selbst bei Menschen, die nicht zur Gewalt neigten, erzeugte Tumar den nur mit größter Mühe zügelbaren Impuls, ihn zu schlagen. Man musste die eigenen Affekte von Wut, Ärger und Hass unter großen Kraftanstrengungen unterdrücken, da man sich eben an bestimmte Regeln halten muss, um anerkanntes Mitglied einer sozialen Gemeinschaft zu sein. Tumar wollte von niemandem anerkannt werden, ganz im Gegenteil. Der Preis der Unterdrückung von individuellen Aggressionen zugunsten des Sozialen war besonders hoch im Umgang mit Menschen wie ihm. Er profitierte davon, dass man diesen Preis zahlte, ohne dass er selbst etwas dazu gab. Andererseits – hat nicht jeder selbst die freie Wahl, was ihm mehr wert ist, die soziale Anerkennung oder das ungehemmte Ausleben von Aggressionen? Konnte man dann Tumar überhaupt einen Vorwurf machen, dass das Soziale bei ihm so gering ausgeprägt war? Einen aktenkundigen Lebenslauf gab es von Tumar nicht. Allen Richtern und Gutachtern, die versucht hatten, diesbezüglich etwas aus ihm herauszubekommen, hatte er offenkundig absurde Geschichten aufgetischt. So blieb nur zu vermuten, dass er aus einer Schule nach der anderen geflogen und früh mit Drogenkonsum, Diebstählen und anderen Normbrüchen verhaltensauffällig geworden war.

Wir versuchten bis zur Grenze dessen, was juristisch vertretbar war, eine manchmal wirksame psychologische Maßnahme, die »paradoxe Intervention«, bei ihm anzuwenden. Das heißt, wir versuchten so auf sein Verhalten zu reagieren, wie er es nicht erwarten konnte. Schriftliche Beleidigungen und Bedrohungen ließen wir ebenso ein paar Wochen liegen, bevor wir sie zur Anzeige brachten, wie Aktenvermerke über seine kleineren Diebstähle. Ein bisschen half das tatsächlich, seine Normverstöße gingen spürbar zurück. Das hat unsere Vermutung bestätigt, dass sich Dissoziale zumindest zum Teil nicht so verhalten, *obwohl* es dissozial ist, sondern gerade *weil* es dissozial ist. Ein bisschen wie Kinder, die sich ja erst einmal auch kaum an soziale Normen halten und sogar bewusst dagegen verstoßen, um sie infrage zu stellen, um zu sehen, wie weit sie gehen können. Tumar entwickelte dabei interessanterweise eine neue Eigenart und schien sich in einer neuen Rolle in der Welt ausprobieren zu wollen. Er begann, von sich in der dritten Person zu sprechen und sich äußerst geschwollen auszudrücken. Er verwendete zunehmend Fremdwörter, sowohl schriftlich als auch mündlich, offenbar, um eine gewisse Distinguiertheit und Erhabenheit anzudeuten. Auch zitierte er in seinen Schreiben nun große Schriftsteller und Philosophen oder das Bundesverfassungsgericht. Allerdings gebrauchte er sowohl die Fremdwörter als auch die Zitate meist falsch. Zum Beispiel schrieb er Sätze wie: »Herrn Tumar ist es exzellent wichtig, in dieser situativen Gegebenheit eine für beide Parteien kompromittierende Lösung zu finden. Ihr Vollzugsteilnehmer.«

Wenn es auch etwas besser wurde, es ging immer noch weit über unsere Kräfte. Wir mussten einen Weg finden, menschlich an ihn heranzukommen. Irgendetwas musste es doch geben, das auch ihm heilig war. Sein Leben bedeutete ihm ja offenkundig auch etwas, sonst würde er nicht mit dem Rasierklingenschlucken aufhören. Das hieß zumindest schon einmal, dass ihm nicht alles gleichgültig war. Wir hatten nur eine Idee, wie wir ihn erreichen könnten: über seine Tochter.

VI.

Viel wussten wir, wie gesagt, nicht über den persönlichen, privaten Hintergrund von Herrn Tumar. Von einer Lebensgefährtin war nie die Rede, aber wir wussten, dass er eine Tochter hatte. Er schrieb ihr hin und wieder und bekam von ihr Post. Zwar war er auch in den Schreiben an seine Tochter kein Ausbund an Liebenswürdigkeit, aber diese Briefe waren bei Weitem nicht so aggressiv und beleidigend verfasst wie seine üblichen. Und nun hatte er beantragt, dass seine Tochter zum Besuch zugelassen würde. Vielleicht war die Beziehung zu ihr ja seine Achillesferse.

Für jeden Besucher müssen die Gefangenen einen Antrag auf Zulassung stellen, auch für Familienangehörige. Vor dem jeweiligen Hintergrund der Straftaten muss die Anstalt vorher wissen, wer zu Besuch kommen will. Für Tumar war es der erste Besuch im Gefängnis, von einigen Rechtsanwälten abgesehen. Die erste Stufe des Besuchs war ein überwachter Einzelbesuch, das heißt, eine Person durfte unter der Aufsicht eines Beamten für eine Stunde zu Besuch kommen. Diese Aufsicht wollte ich selbst übernehmen. Es interessierte mich brennend, was für eine Person seine Tochter war und wie er mit ihr umging. Zumindest teilweise musste es mich auch dienstlich interessieren.

VII.

Am Tag des Besuchs ging ich mit Tumar zu den aus Sicherheitsgründen unterirdisch gelegenen Besuchsräumen. Er schien so verwundert, dass ich, und nicht wie üblich ein uniformierter Beamter, die Aufsicht übernahm, dass er mich weder beleidigte noch beschimpfte. Er murmelte den ganzen Weg unverständlich vor sich hin. Als wir uns im Besuchsraum hinsetzten, hoffte ich inständig, seine Tochter würde bald kommen. Peinliches Schweigen ist das eine, schlimmer aber allemal, beleidigt und beschimpft zu werden, ohne sich wehren zu können. Zum Glück dauerte es nicht lange, und eine junge Frau von Anfang zwanzig wurde von einem Beamten, der sich gleich wieder verabschiedete, zur Tür hereingebracht. Sie wirkte sehr unsicher, zögerlich, fragend, suchend und schien sich überwinden zu müssen, auf Tumar zuzugehen. Sie schaffte es aber und reichte ihm die Hand, die er, gnädig wie ein König, Papst oder hoher Richter, ergriff, ohne sich zu erheben. Sie sagte hallo, er nickte nur. Ich stand auf, gab ihr die Hand und stellte mich kurz vor. Sie bedankte sich und war offensichtlich sehr erleichtert, dass jemand bei dem Gespräch anwesend war. Ich war sehr überrascht, dass sie ganz »normal« aussah, sprach und roch. Wahrscheinlich hatte ich unbewusst eine jüngere weibliche Ausgabe von Tumar erwartet, aber das war sie ganz und gar nicht. Sie ging zu ihrem Stuhl und hatte sich noch nicht gesetzt, als Tumar losbrauste: »Schön, dass du auch mal kommst! Der Herr Tumar, dein eigener Vater, sitzt hier seit Jahren im Knast, unschuldig, wohlgemerkt, und du lässt es dir draußen gut gehen, während hier meine Gesundheit ruiniert wird. Immer schön Champagner saufen, was, und hier drinnen Wasser und Brot!« Er wurde immer lauter, seine Stimme begann sich zu überschlagen, sein Kopf lief rot an. Er machte eine kurze Pause, um Luft zu holen. Seine Tochter hatte Tränen in den Augen, sie schaute hilfesuchend zu mir, aber ich war genauso ratlos. Da stand sie auf und ging. Er rief ihr noch hinterher: »Ja, ja, das hört Madame wohl nicht so gern, was? Ich hätte deine Mutter, die blöde Fotze, nie schwängern sollen!«

Als ich ihn zurück zu seinem Haftraum brachte, versuchte ich zu sehen, spüren oder erahnen, wie er sich fühlte. Tat es ihm nun leid, wie er seine Tochter behandelt hatte, die sicher nie wieder zu Besuch kommen würde? Schämte er sich vielleicht sogar? Oder war er immer noch wütend auf sie? Nichts von alledem. Es gab kaum einen Zweifel, er war zufrieden. Mehr als das. Freudig erregt. Euphorisch.

Zum ersten Mal habe ich ihn da wirklich gehasst.

Mit einem Muttermörder will man doch nicht Fußball spielen

I.

Sie fanden ihn neben ihr liegend. Die Pulsadern aufgeschnitten und nicht mehr ansprechbar. Er hatte es zuvor schon einmal versucht. Vor einem guten Jahr war er von einer Burgmauer gesprungen. Fünfzehn Meter in die Tiefe. Er hatte sich einiges gebrochen, aber überlebt. Mit großen Schmerzen hatte er mehrere Monate lang im Krankenhaus gelegen. Ein Knie war fast irreparabel zerstört, er war von da an lange auf Krücken angewiesen. Aber er hatte weiterleben müssen, ohne Gnade, ohne Ausweg, ohne Hoffnung, wie es schien.

Anders als sie. Er hatte sie mit einem Schal erdrosselt und sich dann neben sie gelegt. Bevor er sich die Pulsadern aufschnitt lag er einige Stunden einfach so da. Jetzt hatte er es nicht mehr eilig. Und er wollte spüren, fühlen, erleben, noch erleben, wie es war, wenn sie nicht schimpfte, ihn nicht beleidigte, wenn sich nicht alles nur um sie drehte. Wenn sie war, wie er sie sich wünschte. Aber die Wärme kam nicht. Er spürte nur, dass sie ihm fehlte. So stark, so schmerzhaft, so tief. Sie kam nicht, auch jetzt nicht, als sie tot war. Jetzt erst recht nicht. Als würde ihm nun erst richtig bewusst, was er sein Leben lang verdrängt hatte. Der Andere ist immer nur eine Illusion. Aber eine lebenswichtige Illusion. Da nahm er das Rasiermesser, das er auf den Nachttisch gelegt hatte, und schnitt. Erst zaghaft, dann kräftig, wild und wütend. Jetzt wusste er endlich, was er wollte.

II.

Er hatte überlebt, mal wieder, und wurde zu einer lebenslangen Freiheitsstrafe wegen Mordes verurteilt.

Die Tötung eines Menschen wird zum Mord, wenn der Täter – zum Beispiel – heimtückisch gehandelt hat. Das ist der Fall, wenn das Opfer, wie seines, arg- und wehrlos ist. Dass auch er, sein ganzes Leben schon, arg- und wehrlos war, wurde vom Gericht zwar gewürdigt, änderte aber nichts daran, dass das, was er getan hatte, ein Mord war. Und er, er war jetzt ein Mörder.

Nach fünfzehn Jahren Haft, die er inzwischen verbüßt hatte, war eine Entlassung zur Bewährung möglich, wenn keine Gefahr für die Allgemeinheit mehr bestand. Niemand war der Ansicht, dass von ihm eine

Gefahr für irgendjemanden ausging. Die einzige Bedrohung, die er jemals dargestellt hatte, war diese eine Gewalttat. Es hatte Jahrzehnte gebraucht, die Gefahr zu wecken, die Fähigkeit zur Gewalt, die in jedem, auch in ihm, lauerte. Das einzige Hindernis einer vorzeitigen Entlassung war er selbst. Strafaussetzungen zur Bewährung sind nur mit Zustimmung des Gefangenen möglich. Und er wollte nicht entlassen werden. Er wollte bis zum Ende seines Lebens im Gefängnis bleiben.

Es kommt nicht oft vor, dass Gefangene mit einer vorzeitigen Entlassung nicht einverstanden sind, gelegentlich aber schon. Bei kürzeren Freiheitsstrafen wollen einige die Strafe lieber bis zum letzten Tag absitzen, als draußen mit dem Damoklesschwert eines möglichen Bewährungswiderrufs leben zu müssen. Bei einer lebenslangen Freiheitsstrafe oder auch bei der Sicherungsverwahrung sind die Betroffenen oft schon sehr alt, wenn eine Aussetzung zur Bewährung in Betracht kommt. Die Tatsache, dass es einem alten, vielleicht pflegebedürftigen und einsamen Menschen in Haft oder Sicherungsverwahrung besser gehen kann als in Freiheit, ist nicht zu leugnen. Dennoch wollen die allermeisten in Freiheit. Er nicht. Er war nicht alt, noch keine sechzig, wirkte zudem erheblich jünger und war gesund und fit. Warum also wollte er nicht entlassen werden?

III.

Der Vater war fast siebzig, die Mutter über vierzig, als er geboren wurde. Das lang ersehnte Wunschkind seiner Mutter. Der Vater, ein pensionierter Gefängnisdirektor, starb, als er drei Jahre alt war. Er hat keine Erinnerungen an ihn. Er blieb ein Einzelkind. Die Mutter und er gegen den Rest der Welt. Es fällt schwer – nicht nur mit dem Wissen, was später passiert ist – seine Kindheit als normal oder unauffällig zu bezeichnen. Er hatte nie das Gefühl, Unterstützung in seiner Selbstentwicklung zu bekommen und darin, Beziehungen zu anderen Menschen aufzubauen. Er konnte sich jedenfalls nicht erinnern, je engere Freundschaften mit Gleichaltrigen geschlossen zu haben. Die Freizeit verbrachte er alleine, im Kinderzimmer der kleinen Wohnung, die seine Mutter vom Erbe des Vaters gekauft hatte. Nie war er auf einer Geburtstagsfeier anderer Kinder, nie waren andere bei ihm zu Besuch. Seine Mutter, die nach dem Tod des Vaters keine Beziehung mehr einging, spielte selten mit ihm, aber sie kaufte ihm viele, sehr viele Spielsachen. Manchmal kam eine Putzhilfe, um die Mutter, die in Teilzeit als Lehrerin an einer Volkshochschule tätig war, im Haushalt zu unterstützen. Sie spielte ab und zu mit ihm, wenn die Mutter außer Haus war. Auffallenderweise hatte er kaum Erinnerungen an seine Kindheit. Er konnte sich nicht an den Namen oder an das Gesicht der Haushaltshilfe erinnern, die einige Jahre bei ihnen gewesen sein muss. Auch nicht an die Namen und Gesichter von Lehrern oder Mitschülern. Es war ein schmerzhaftes Nichterinnern, viel schlimmer als ein Nichtwissen. Denn das Gefühl des nichtgelebten Lebens kann nie ganz verdrängt werden.

Seine Leistungen in der Schule waren nicht überragend, aber ausreichend. Nach dem Abschluss der Schule wurde er Krankenpfleger. Er wohnte, von einigen mehrwöchigen Lehrgängen abgesehen, immer noch bei seiner Mutter. In seinem ehemaligen Kinderzimmer. Er machte Computerspiele, auch las er gerne Liebesromane. Er selbst hatte nie eine Liebesbeziehung. Er war homosexuell. Das auszuleben hätte er jedoch seiner Mutter nie antun können, sagt er heute. Die Beziehung zu einer anderen Frau wohl noch weniger. Mit Mitte zwanzig fand er einen Arbeitsplatz als Krankenpfleger in einem Krankenhaus in der Nähe der gemeinsamen Wohnung. Er wollte langsam auf eigenen Beinen stehen und hatte bereits einen Mietvertrag für eine Wohnung, nur fußläufig entfernt zur Wohnung der Mutter, abgeschlossen, als diese einen Schlaganfall erlitt. Körperlich war sie nun ein Pflegefall. Sie konnte nur noch eine Körperhälfte leicht bewegen, nicht mehr gehen, nicht mehr selbstständig essen, nicht selbst auf die Toilette gehen, nichts. Geistig aber war sie noch vollkommen da. Sie hatte niemanden außer ihm. Ein paar Bekannte, aber keine engen Freunde oder Familienangehörige. Nur ihn. Er war außerdem ausgebildeter Krankenpfleger, was also lag näher, als dass er die Pflege übernahm? Er kündigte seine Arbeitsstelle und auch die eigene Wohnung, in der er noch keine einzige Nacht verbracht hatte. Finanziell hatten sie dank einiger Versicherungen keine Probleme. Die Wohnung wurde behindertengerecht umgebaut.

Fast rund um die Uhr musste er nun für seine Mutter da sein. Sie waschen, einkleiden, nachts umdrehen, mit dem Rollstuhl spazieren fahren, füttern. Einmal täglich kam eine externe Pflegekraft, die half, die Mutter ins Bett zu bringen. Die Mutter war, so sagt er heute, seit ihrem Schlaganfall keinen einzigen Tag guter Laune. Im Gegenteil. Sie lamentierte stundenlang, tagelang, über ihr Unglück und die Ungerechtigkeit der Welt. Sie beklagte sich bei ihm, wenn er nicht so reagierte, wie sie es sich vorstellte, wenn er nachts nicht sofort zur Stelle war, wenn sie rief. Sie beschimpfte ihn und beleidigte ihn als miserablen Krankenpfleger. Für seinen

Vater wäre es eine riesige Enttäuschung gewesen, hätte er noch erleben müssen, dass er nur Krankenpfleger, nicht Arzt, geworden sei. Er sagt, man könne ihr keinen Vorwurf machen. Aus ihrer Situation heraus sei das alles verständlich gewesen. Fast täglich ließ sie ihn wissen, sie wäre eigentlich lieber tot. Als er nach einigen Jahren der Pflege am Ende war mit seiner Kraft, seinen Nerven, seiner Lebensenergie und ihr sagte, er müsse die Pflege abgeben und könne nur noch einmal täglich nach ihr sehen, drohte sie, sich umzubringen. Außerdem hätte sie doch ohnehin nicht mehr lange, wolle er ihr das wirklich in ihren letzten Monaten, vielleicht Wochen, vielleicht gar Tagen antun? Er wusste nicht, ob er es wollte, aber er konnte es jedenfalls nicht. Es wurden nicht Tage oder Wochen, es wurden noch einige Jahre. Der Zustand der Mutter verschlechterte sich zunehmend, sie verbrachte ihre Zeit fast nur noch im Bett, auch ihre geistigen Kräfte ließen nach. Sie wurde sehr vergesslich, und manchmal war er sich nicht sicher, ob sie ihn überhaupt noch erkannte. Sie jetzt zu verlassen, war ihm unmöglich. Er sagt, das hätte er sich nie verzeihen können. Andererseits war er nun wirklich und endgültig am Ende. Über fünfzehn Jahre hatte er seine Mutter gepflegt. Nichts ging mehr. Als sie ihn, in einem ihrer eher lichten Momente, wieder beschimpfte und beleidigte, trank er eine Flasche Schnaps, rannte hinaus aus der Wohnung, durch die Straßen, ohne Ziel, nur noch verzweifelt und wütend. Aber wohin mit der Wut?

Er rannte hinaus zur Burg am Rande der Stadt, einer beliebten Touristenattraktion. Die Menschen, denen er begegnete, drehten sich nach ihm um. Ein Verrückter, dachten sie. Aber tatsächlich wurde er immer klarer im Kopf. Auch die Wirkung des Alkohols schien verflogen, als ihm bewusst wurde, warum er zu der Burg rannte.

Er musste hinauf, ganz weit hinauf, und dann herunterspringen, tief hinunter, und alles würde ein Ende haben. Und er Ruhe, endlich Ruhe. Mehr hatte er sich nicht gewünscht, nie gewünscht, seit so vielen Jahren. Eigentlich hatte er Höhenangst, aber in dieser Situation trieb ihn die Furcht nicht von etwas weg, sondern zu etwas hin. Sie brachte ihn seinem Ziel näher, diesen unerträglichen Druck endlich loszuwerden.

Seine Erinnerung setzte erst wieder ein, als er im Krankenhaus, schon operiert, wieder zu sich kam. Nach einigen Monaten wurde er entlassen, zurück zur Mutter, um die sich währenddessen eine Pflegekraft gekümmert hatte, der sie sofort kündigte, als er wieder da war. Die Mutter fragte nicht, ob er mit Absicht von der Burg gesprungen sei, und er erzählte es ihr nicht.

Seine Mutter litt, sie hatte seit vielen Jahren keine Freude mehr am Leben empfunden; vielleicht war das nie anders gewesen. Aber sie starb nicht. Je mehr sie litt, umso stärker schien sie am Leben festzuhalten.

Und er? Sein Leben bestand nur aus Pflicht und Verantwortung. Wenn er wenigstens gewusst hätte, was er stattdessen wollte, aber er wusste es nicht, nicht mehr, wahrscheinlich hatte er nie gelernt, sich mit seinen eigenen Wünschen und Bedürfnissen auseinanderzusetzen. Er wusste nur, dass er dieses Leben nicht länger ertragen konnte. Die Last dieser Erkenntnis aber konnte er seiner alten, kranken Mutter, der er sein Leben verdankte, nicht aufbürden. Er musste sie also umbringen. Sie, und dann sich selbst.

Es war leicht, so unglaublich leicht. Die Menschen erschaudern bei den Wörtern Mord, Mörder oder Leiche. Wenn sie wüssten, wie einfach, wie schnell das gehen kann und wie gering der Unterschied ist zwischen vorher und nachher. Er war der gleiche Mensch geblieben, aber jetzt war er ein Mörder, zuvor das leuchtende Beispiel eines Sohnes, der aufopferungsvoll seine Mutter pflegte. Er gab ihr das Schlafmittel, etwas mehr als gewöhnlich, sie wachte nicht mehr auf, als er sie mit ihrem Schal erdrosselte. Auch da kein großer Unterschied. Sie lag auf dem Bett, den Mund leicht geöffnet, und bewegte sich nicht. Wie so oft. Nur musste sie nicht mehr leiden.

IV.

Der Fall zeigte auf dramatische Weise, wie wenig abschreckend (Gefängnis-)Strafen oft gerade bei den schlimmsten Verbrechen, der Tötung von Menschen, wirken. Bei Taten, die aus so starken Affekten, aus Wut, Hass, pervertierter Leidenschaft oder auch, wie im vorliegenden Fall, auswegloser Verzweiflung heraus begangen werden, ist es fraglich, ob rationale Erwägungen wie eine zu erwartende Strafe noch eine Rolle spielen; ob die Angst davor etwa stärker ist als der Hass, um von der Tat abzuhalten. Das Argument, man könne mit möglichst langen und harten Gefängnisstrafen vor schweren Gewalttaten und Tötungen abschrecken, greift allenfalls für einen Bruchteil solcher Taten.

V.

»Warum wollen Sie denn nicht entlassen werden, um Gottes willen, Sie haben doch noch ein Leben vor sich?«

Man merkte ihm an, dass ihn die Frage nicht in innere Konflikte brachte. Er hatte sie schon längst für sich gelöst.

»Ja, ich weiß, ich habe noch ein Leben vor mir, doch mein Leben ist hier. Hier drinnen.«

»Aber das ist doch nicht wirklich lebenswert, hier im Knast, im Vergleich zu draußen, oder?«

Er sah mich an wie jemanden, der es sich allzu leicht mit seiner Interpretation der Realität machte. »Hängt davon ab, wie es draußen war, und vor allem, wie es draußen sein würde. Das mag sich für Sie seltsam anhören, aber ich habe hier drinnen meine Freiheit gefunden. Ich bin für nichts und vor allem für niemanden verantwortlich. Was soll ich denn draußen? Arbeit bekomme ich ohnehin keine mehr. Der Arbeitsmarkt wird gerade auf jemanden warten, der fünfzehn Jahre lang im Gefängnis war! Das lässt sich ja doch nicht verheimlichen, da kommt der Muttermörder! Da kommt der Knacki! Hier drinnen spielt das alles keine Rolle mehr. Man kennt mich, und ich kenne die anderen. Ich spiele Fußball, ich liebe das. Das würde draußen nicht gehen. Mit einem Muttermörder will man doch nicht einmal Fußball spielen. Nein, nein. Das hier ist mein Leben, ich will hier nicht mehr raus. Und wissen Sie noch etwas? Am Anfang konnte ich es kaum glauben, dass die mich wegen Mordes verurteilt haben. Ich dachte, ich würde vor Gericht auf mehr Verständnis treffen. Ich hatte gehofft, dass mich zum ersten Mal in meinem Leben jemand anhört und vor allem versteht. Angehört haben die mich, aber dann? Ich hätte heimtückisch meine Mutter ermordet. Sie hätte mit keinem Angriff von mir gerechnet. Als ob das einen Unterschied macht. Aber jetzt, jetzt bin ich zufrieden mit dieser Entscheidung. Nicht nur, dass es mir hier, im Gefängnis, gut geht. Ich habe auch kein schlechtes Gewissen, weil es mir gut geht. Die Gesellschaft will ja, dass ich meine Schuld verbüße. Nun, wenn sie das unbedingt will, dann tue ich das. Vielleicht geht es den Menschen draußen besser, wenn ich hier drinnen sitze. Vielleicht fühlen sie sich mehr wert, weil sie ihre Mütter nicht umgebracht haben. Auch für diese Leute sitze ich hier. Damit die sich besser und sicherer fühlen. Ich tue also nicht nur etwas für mich, wenn ich hierbleibe, sondern auch für die Allgemeinheit. Ich bin mit mir im Reinen. Das war ich lange nicht. Früher hätte ich mich vielleicht mögen können, wenn ich mich nur von außen beurteilt hätte. Aber tief drinnen konnte ich mich nicht leiden, hasste ich mich. Das ist nun anders. Was früher der Verstand wusste, weiß jetzt auch das Gefühl. Endlich!«

Mir war klar, dass ich ihn nicht umstimmen konnte. Ich wollte es auch nicht. Es schien ihm tatsächlich einigermaßen gut im Gefängnis zu gehen. Aber konnte er hier wirklich alles Potenzial nutzen, das in seinem Leben noch steckte? Oder hatte er nun eine kranke, krankmachende Abhängigkeit, die zur Mutter, gegen eine andere, die zum Gefängnis, eingetauscht? Schwer zu glauben, dass er das, was jeder Mensch zum Leben, zum Werden und zum Sein brauchte – Nestwärme, Geborgenheit, Struktur, Halt, Sinn – nun ausgerechnet im Gefängnis gefunden haben sollte. Andererseits: wo sonst?

Der Wahnsinn bleibt draußen!

I.

Er hatte kein Messer in seinem Rücken stecken, keinen Strick um seinen Hals gebunden, keine Kugel im Kopf, und er war auch nicht mit einem Knüppel zusammengeschlagen worden. Die Verletzung und Schädigung eines Menschen hatte sich in diesem Fall, wie oft in der modernen Welt, in den Bereich der Psyche verlagert. Hier im Gefängnis, dem Ort, an dem sich die niedersten Instinkte und tiefsten destruktiven Kräfte des Sozialen bündeln und in dem der Staat die totale Kontrolle über Leib und Psyche seiner Insassen anstrebt, waren archaische, unmittelbar körperlich wirksame Gewalt und psychische Gewalt aufeinandergetroffen. Geschädigter dieses Aufeinandertreffens, der dafür persönlich nichts konnte, war ein Anstaltspsychiater.

Die Tätigkeit als Anstaltspsychiater gehört mit Sicherheit zu den schwierigsten im Strafvollzug und ist mit einer enormen Verantwortung verbunden, wenn man sie ernst nimmt. Und die allermeisten Anstaltspsychiater, die ich kennengelernt habe, nehmen sie ernst. Sie müssen tagtäglich einschätzen, ob ein Gefangener selbstmordgefährdet ist oder nicht. Sie müssen die Gefangenen, die tatsächlich ein psychisches Problem haben oder psychisch erkrankt sind, unterscheiden von den Gefangenen, die zum Psychiater gehen, um sich irgendwelche Vorteile im Haftalltag zu verschaffen oder um Medikamente verschrieben zu bekommen, die sie dann auf dem anstaltsinternen Schwarzmarkt weiterverkaufen können. Besonders beliebt sind Antidepressiva sowie Beruhigungs-, Schmerz- und Schlafmittel.

Und Anstaltspsychiater müssen damit umgehen, dass viele Dinge, die sie aus ärztlicher Sicht für sinnvoll halten, aus faktischen oder juristischen Gründen nicht umgesetzt werden können. Das geht los mit längeren Aufenthaltszeiten im Freien, die zur Linderung der Symptome einer Depression sinnvoll wären, aber aus organisatorischen Gründen in der Anstalt nicht durchführbar sind. Weiter geht es mit Ausgang und anderen Lockerungen des Vollzugs, die für einen Gefangenen aus psychiatrischer Sicht hilfreich oder gar notwendig wären, um den Kontakt zu Familie und Freunden zu halten und damit psychisch stabiler zu werden. Und es endet schließlich damit, dass für viele psychisch Kranke eine Behandlung und ein Leben in Freiheit aus rein fachärztlicher Sicht ratsam wären.

Unser Rechtssystem lässt in solchen Fällen aber nur wenige Wege nach draußen offen. Selten liegt Haftunfähigkeit und damit die Berechtigung vor, unter bestimmten Voraussetzungen in Freiheit zu kommen. Oft wird die Haftunfähigkeit gerade mit der Begründung verneint, dass die medizinische und psychiatrische Versorgung in den Gefängnissen so gut sei. Anstaltspsychiater haben nicht nur mit diesen systemimmanenten Herausforderungen umzugehen, sondern auch damit, dass es unter den Gefangenen immer auch äußerst schwierige Persönlichkeiten und psychisch schwer kranke Menschen gibt. Nun könnte man sagen, es gehöre zum Beruf des Psychiaters, solche Menschen zu behandeln. Im Grunde ist das auch so, bloß kommen in Freiheit meist die Menschen zum Arzt, die behandelt werden wollen – und sich daher auch behandeln lassen. Im Strafvollzug ist das oft umgekehrt. Wenn etwa ein Gefangener auffällig aggressiv ist, wirr redet, sich nicht mehr wäscht oder sich immer mehr zurückzieht, kann der Psychiater hinzugezogen werden. Oft lehnen die Gefangenen jedoch jede medizinische oder gar psychiatrische Behandlung ab.

Im Gefängnis sind nicht nur dem Gefangenen enge juristische Grenzen gesetzt, sondern auch denjenigen, die die Gefangenen behandeln, den Anstaltsärzten und Psychiatern. Vor allem gilt das für eine medizinische Zwangsbehandlung, also eine Behandlung gegen den Willen des Gefangenen. Das spielt eine Rolle bei Inhaftierten, die sich im Hunger- oder Durststreik befinden oder sich selbst verletzen oder Schaden zufügen, und insbesondere bei Gefangenen, die an einer paranoiden Schizophrenie leiden. Zu diesem Krankheitsbild gehört fast zwingend, dass die Betroffenen keine Krankheitseinsicht haben und eine medikamentöse Behandlung verweigern. Sie wollen sich von niemandem helfen lassen, da sie in ihrem paranoiden Wahn niemandem vertrauen. Erst recht akzeptieren sie keine Hilfe oder Behandlung durch den Anstaltspsychiater, der sie mit seinem weißen Kittel und den Spritzen wie kein anderer in ihrem paranoiden Weltbild bestätigt, indem er sie – aus ihrer Sicht – gegen ihren Willen ruhigstellen, in der Persönlichkeit verändern, vielleicht sogar töten will. Manchmal essen sie die Anstaltskost nicht mehr, weil sie denken, sie sei vergiftet, nehmen nicht mehr am Hofgang teil, weil sie glauben, sie würden dort entführt, schmeißen den Fernseher aus ihrem Haftraum, weil sie befürchten, durch ihn überwacht zu werden. Viele hören Stimmen. Stimmen, die sagen, bring dich um oder bring jemand anderen um. Was soll man mit so einem Menschen tun? Eine medikamentöse Behandlung gegen seinen Willen ist in engen Grenzen und mit immensem bürokratischen Aufwand zwar möglich, man setzt sich dabei aber immer der Gefahr aus, wegen Körperverletzung im Amt angeklagt zu werden, wenn man jemandem gegen seinen Wille etwa eine Spritze gibt. Die gesellschaftliche Angst vor allmächtigen Psychiatern, die gesunde Gefangene »ruhigspritzen«, ist immer noch groß und steht in seltsamem Widerspruch zu der Tatsache, dass die gleiche Gesellschaft es nachdrücklich befürwortet, Menschen wegzusperren und sie damit oft erst krank zu machen. Andererseits droht bei solchen Patienten, deren Krankheit sich durch die Nichtbehandlung in aller Regel verschlimmert, nicht nur eine Chronifizierung ihres Krankheitsbildes, sondern man muss auch jederzeit damit rechnen, dass sie in ihrem Wahn sich oder anderen etwas antun. Und dieselben Menschen, die einen Arzt oder Anstaltsleiter wegen gefährlicher Körperverletzung im Amt anzeigen, wenn ein Gefangener gegen seinen Willen medizinisch behandelt wurde, erstatten Anzeige wegen unterlassener

Hilfeleistung, Körperverletzung oder gar Tötung durch Unterlassen, wenn wir *nicht* aktiv werden.

In meiner fünfzehnjährigen Tätigkeit im Strafvollzug waren immer mindestens einer, in den großen Anstalten auch mehrere solcher Patienten untergebracht. Als Anstaltsleiter lässt einen das oft nicht ruhig schlafen, und wenn das Telefon nachts oder am Wochenende klingelt, befürchtet man sofort, dass sich der Gefangene aufgehängt oder jemanden erstochen hat. Jurist und Anstaltsleiter können sich dann immerhin noch auf den Psychiater stützen, aber der Psychiater kann sich in solchen Fällen auf niemanden und nichts mehr stützen, außer darauf, dass es trotz einer medizinisch fachgerechten und juristisch korrekten Behandlung passiert ist.

So ein Gefangener war es, der unseren Psychiater verletzte. Psychisch verletzte.

Dieser Gefangene befand sich in der akuten Phase einer paranoiden Schizophrenie. Als sich sein Zustand immer weiter verschlechterte, er immer wieder von Stimmen berichtete, die nachts aus den Wänden seines Haftraumes kämen und ihm befehlen würden, sich umzubringen, und wir mit vernünftiger Argumentation an ihn nicht mehr herankommen konnten, entschieden wir, ihm ein Medikament zu spritzen, notfalls auch gegen seinen Willen. Einmal wollten wir es noch »im Guten« versuchen, ihn also überzeugen, sich freiwillig behandeln zu lassen. Der Psychiater suchte ihn, zusammen mit zwei Krankenpflegern, in seinem Haftraum auf. Der Gefangene verhielt sich für seinen Zustand auffallend höflich, ja fast »normal«. Als der Psychiater ihn fragte, ob er mit in den medizinischen Bereich käme, um sich behandeln zu lassen, bejahte er dies erstaunlicherweise. Er drehte sich zu seinem Regal um, als würde er noch etwas mitnehmen wollen, und stach dann blitzschnell zu. Der Psychiater hatte großes Glück. Der Stich von dem sehr kräftigen Gefangenen mit einem scharf zugespitzten Schraubenzieher hätte tödlich sein können, wenn er ihn getroffen hätte. Der Psychiater hatte sich aber genau in dem Moment etwas zur Seite gewandt, weil einer der beiden Pfleger ihn angesprochen hatte, und wollte sich mit der Hand, wie es seine Gewohnheit war, durch die Haare fahren. Mit diesem Arm wehrte er den Stich ab. So blieb er körperlich unverletzt, von einer leichten Prellung an seinem Ellenbogen abgesehen. Der Gefangene wurde sofort von den Pflegern überwältigt. Später stellte sich heraus, dass er überzeugt gewesen war, der Psychiater sei der Teufel. Er handelte in seiner akuten psychotischen Phase schuldunfähig und wurde daher nicht bestraft. Selbst wenn er den Psychiater umgebracht hätte, wäre er nicht bestraft, sondern nur gegen seinen Willen in einer Psychiatrie untergebracht worden.

II.

»Er darf keinen Kontakt mit Gefangenen haben. Ansonsten ist er voll dienstfähig.« Dieser Satz stand im Gutachten des Amtsarztes über den Anstaltspsychiater.

Wenn Beamte über mehrere Monate lang krankgeschrieben sind, muss der Amtsarzt eingeschaltet werden, um zu überprüfen, ob sie noch dienstfähig sind. Ist dies nicht der Fall, müssen sie zumindest vorläufig in den Ruhestand versetzt werden. Ein Prozess, der sich über viele Jahre hinziehen kann, wenn Beamte zwischen den Krankheitsphasen immer wieder kurz zum Dienst erscheinen. Bei Beamten, die aus psychischen Gründen krank waren, stellte der Amtsarzt nicht selten fest, dass sie zwar grundsätzlich dienstfähig seien, aber keinen unmittelbaren Kontakt mehr mit Gefangenen haben dürften. Das sei psychisch zu belastend. Ein Ding der Unmöglichkeit, sollte man meinen. Wie soll ein Lehrer arbeiten, der keinen Kontakt mehr mit Schülern haben darf, wie ein Bäcker, der keine Brötchen mehr anfassen darf, wie ein Kellner, der sich dem Gast nicht nähern darf? Nun, im Strafvollzug geht das. Es gibt nämlich, für Außenstehende möglicherweise überraschend, in einem Gefängnis nicht wenige Beamte und Angestellte, die nie oder fast nie unmittelbaren Kontakt mit Gefangenen haben. In bestimmten Bereichen der Verwaltung, in Schreibstuben oder im Aktenarchiv zum Beispiel. Dort können dann auch diejenigen eingesetzt werden, bei denen ein Gefangenenkontakt gesundheitsschädigend wäre. Auch die umgekehrten Fälle gab es, in denen ein Beamter, der zum Beispiel als Lehrer unmittelbar mit Gefangenen arbeiten wollte, dies nicht mehr durfte, da er hin und wieder epileptische Anfälle bekam. Es wurde befürchtet, dass die Gefangenen ihm in diesem Zustand den Schlüssel abnehmen könnten.

Der Psychiater allerdings wollte nichts mehr mit Gefangenen zu tun haben. Er konnte nun schlechterdings nicht im Aktenarchiv oder im Schreibbüro eingeteilt werden. Welchen Aufgabenbereich aber sollte man ihm sonst zuweisen?

III.

Über die meisten Gefangenen weiß man fast alles. Über ihre Kindheit, ihre Eltern, ihre Schulzeit, ihre Beziehungen, ihre sexuellen und sonstigen Vorlieben, ihre Krankheiten, ihren IQ, einfach alles. Sogar das, was sie fühlen und denken, indem man ihre Schreiben liest und ihren Gesprächen mit Besuchern zuhört. Das alles wohlgemerkt in legalem Rahmen, zum Schutz von Sicherheit und Ordnung der Anstalt und um dem Gefangenen die Resozialisierung zu ermöglichen. Und man kann über die Gefangenen nicht nur alles in Erfahrung bringen, man kann ihre Realität auch selbst maßgeblich mitgestalten, indem zum Beispiel bestimmte Kontakte nach außen gefördert und andere unterbunden werden. Das Wissen wird so noch fundierter, indem es auf Tatsachen gründet, die man selbst geschaffen hat.

Umgekehrt wird von den meisten Beschäftigten im Strafvollzug genau darauf geachtet, dass die Gefangenen möglichst wenig über uns wissen. Das funktioniert nur eingeschränkt, was etwa die Wohnorte der Beamten, deren Autos und zum Teil auch deren familiären Hintergrund betrifft, dennoch besteht ein kolossales Ungleichgewicht der Informationen, das die Macht des Staates über das Individuum manifestiert.

Bemerkenswerterweise arbeiten im Gefängnis allerdings nicht wenige Menschen, die kaum ein soziales Leben außerhalb der Anstalt führen. Solche Menschen scheinen von der totalen Institution Gefängnis angezogen zu werden, oder das Gefängnis schlägt schleichend, aber unerbittlich, Menschen, die ursprünglich sozial integriert waren, immer stärker in seinen Bann. Diese Kollegen haben dann ihre Freunde und Liebschaften nur im Kollegenkreis, sie verlassen die Anstalt nur zum Schlafen und schieben hunderte Überstunden und nicht genommene Urlaubstage vor sich her. Der Strafvollzug ist eine eigene Welt, die man auch nie ganz verlassen kann, wenn man die Abende oder die Wochenenden zu Hause verbringt. Es ist eben etwas grundsätzlich anderes, Menschen zu bestrafen, als Brötchen zu backen,

Autos zu konzipieren, Schüler zu unterrichten, Kranke zu heilen, Kinder großzuziehen oder wie auch immer sonst der Großteil der Menschen tätig ist. Privates und Berufliches vermischen sich so, bei manchen mehr, bei manchen weniger, insgesamt sehr stark.

Der Psychiater war nicht so ein Kollege. Eher das Gegenteil. Wir wussten wenig über ihn, vor allem nicht, und das war auffällig, warum er überhaupt im Strafvollzug tätig war. Manche Ärzte geben als Grund geregelte Arbeitszeiten, andere auch soziales Engagement oder ein medizinisches und psychiatrisches Interesse an der Gefangenenklientel an. Von ihm aber war nichts Derartiges bekannt. Er hatte vorher in einem psychiatrischen Krankenhaus gearbeitet und nebenher eine gut gehende Privatpraxis betrieben, in der er sich auf die Substitutionsbehandlung von Drogenabhängigen spezialisiert hatte. Es blieb ein Rätsel, warum er zum Staat, ins Gefängnis, gewechselt war. Aus seinem Privatleben war wenig bekannt, offenbar lebte er nicht in einer festen Beziehung. Er war Reptilienfan und hatte mehrere Echsen und Schlangen bei sich zu Hause. Wenn er von ihnen erzählte, wirkte er leidenschaftlich und begeistert. Die Gefangenen mochten ihn. Er verschrieb jedem die Medikamente, die er haben wollte. Ebenso hielt er es mit den Kollegen, sodass er auch unter ihnen beliebt war, wenn man ihn auch als etwas sonderbar empfand. Zum einen lag das daran, dass er extrem leicht kränkbar war. Einmal beschwerte er sich gegenüber dem Anstaltsleiter, dass ein Beamter ihn im Vorbeigehen unter Namensanrede gegrüßt und dabei den Doktortitel weggelassen hätte. Eine derartige Kastration würde er sich nicht gefallen lassen, schrieb er ohne jeglichen Ansatz von Selbstironie. Zum anderen lag sein Image als etwas skurriler Sonderling auch an seinem Aussehen und seinem Kleidungsstil. Er war stark übergewichtig und hatte sich künstliches Haar auf seinen Kopf transplantieren lassen. Gekleidet war er in aller Regel sehr teuer, nicht immer geschmackvoll, manchmal etwas gockelhaft.

IV.

Der Psychiater wollte unbedingt weiter im Gefängnis arbeiten, nur eben nicht mit Gefangenen. Das erregte das Missfallen der für Personalfragen zuständigen Anstaltsjuristen. Sie legten ihm mehrfach nahe, doch seine Entlassung aus dem Beamtenverhältnis zu beantragen. Er aber wollte nicht. So ging der Kampf der Giganten los, der Kampf zweier Welten, der juristischen und der psychiatrischen.

Psychiater und Juristen sind üblicherweise im Strafvollzug auf fruchtbarste Art und Weise symbiotisch miteinander verbunden. Der Jurist fragt: Droht bei diesem Gefangenen während eines Ausganges die Gefahr von Straftaten? Der Psychiater, Kenner der menschlichen Psyche, von dem erwartet wird, dass er zur Vorhersage von Verhalten in ihr liest wie in einer Glaskugel, antwortet: Sie ist vertretbar gering, liegt bei 20 Prozent oder Ähnliches. Es passiert dann doch etwas? Der Jurist sagt: Ich habe den Psychiater gefragt. Der Psychiater sagt: Ich habe die Gefahr nicht ausgeschlossen, die zwanzigprozentige Wahrscheinlichkeit hat sich nun leider verwirklicht. Die Prognose an sich war also goldrichtig. Ein Gefangener droht mit Selbstmord. Der Jurist fragt den Psychiater: Wie kann das verhindert werden? Der Psychiater antwortet: Der Gefangene muss an ein Bett gefesselt werden. Der Gefangene klagt dagegen vor Gericht. Der Jurist sagt, er konnte nicht anders, als den

Gefangenen an ein Bett fesseln zu lassen, aus psychiatrischer Sicht war das notwendig, um einen Selbstmord zu verhindern. Der Jurist will wissen, warum der Gefangene überhaupt Straftaten begangen hat. Auch hier kann der Psychiater helfen, indem er dem Gefangenen auf der einen Seite einen freien Willen und damit die Schuldfähigkeit bescheinigt und auf der anderen Seite massive Störungen der Persönlichkeit diagnostiziert, die die Begehung von Straftaten nachgerade zwingend nach sich zögen. Auch alle Zweifler am Sinn und der Berechtigung des Gefängnisses kann der Psychiater beruhigen: Die Gefangenen sind anders, gestört und gefährlich. Wer aber, durch diese Erklärung verstört, erschrocken fragt: Aber da muss man doch etwas tun können?, auch dem kann der Psychiater eine beruhigende Antwort geben: Einfach ist es nicht, aber ob krank, gestört oder gefährlich, wir behandeln jeden!

Wohlgemerkt sind die vorangegangenen Ausführungen als Kritik am System, nicht an Juristen und Psychiatern beziehungsweise psychologischen oder kriminologischen Gutachtern zu verstehen. Gutachter gehören oft zu den anerkanntesten Fachleuten im Bereich der Psychiatrie, Psychologie oder Kriminologie, das heißt, sie beantworten die Fragen der Justiz so gut es menschenmöglich ist. Nur sind eben die Fragen falsch gestellt, wofür auch die Juristen nichts können, denn das System verlangt es, dass genau solche Fragen genau so gestellt werden.

So gerne sich Jurist und Psychiater allerdings in ihrer Argumentation gegenüber Dritten aufeinander beziehen, so ambivalent ist doch ihr Verhältnis zueinander, verschärft manchmal noch dadurch, dass zwar die Juristen in aller Regel die Vorgesetzten der Psychiater sind, diese aber durch Gutachtenaufträge von Gerichten und anderen Behörden ein Vielfaches von dem verdienen können, was ein Jurist bis hin zum Anstaltsleiter bekommt. Da jedenfalls aus Sicht des Psychiaters die Psyche über jedem Recht steht, ist es immer auch ein Machtkampf, wenn beide aufeinanderprallen.

Hier nun zeigte sich, dass der Psychiater klar im Vorteil war. Anders als der Jurist konnte er sich im Ungefähren, nicht Widerlegbaren, in den unergründlichen Tiefen der Seele tummeln und dort Argumente sammeln, denen nicht nur juristisch nicht zu begegnen war, sondern die das Juristische sogar für sich vereinnahmten. Wer sollte zum Beispiel je überprüfen können, ob der Umgang mit Gefangenen für den Psychiater tatsächlich psychisch belastender war als für den Durchschnitt der anderen Beamten?

V.

Die Juristen entschieden, einen betriebspsychiatrischen Dienst einzurichten, den es bis dahin nicht gab. Aufgabe des Psychiaters war es damit, für alle Bediensteten Ansprechpartner in sämtlichen Fragen rund um die psychische Gesundheit zu sein. Er bekam ein Büro im Verwaltungstrakt und führte dort regelmäßige Sprechstunden für Bedienstete durch. Das Problem dabei war, dass ihn kaum einer aufsuchte, da sich keiner im Kollegenkreis die Blöße geben wollte, psychische Probleme einzugestehen. Auch wusste man, wie er oft über Gefangene geredet hatte, die zu ihm in Behandlung gekommen waren. Einige Bedienstete hatten ihn dennoch hin und wieder konsultiert, konnten dabei aber immer behaupten, es sei um einen Gefangenen gegangen. Das war nun nicht mehr möglich.

Dem Psychiater wurde zunehmend langweilig. Er bot Gruppengespräche für Kollegen an, die er ursprünglich für Inhaftierte vorgesehen hatte. Auf seinen Aushang am schwarzen Brett und die Rundmail an alle, Interessierte könnten sich für das Seminar »Diagnose Depression – was nun?« anmelden, reagierte allerdings niemand. Zumindest einige Teilnehmer kamen zu Veranstaltungen, die er zu grundlegenden, philosophischen Fragestellungen anbot, wie zum Beispiel eine Podiumsdiskussion in der Sporthalle der Anstalt zum Thema »Der Mensch – ein nackter Affe?« Mit seiner These, die Menschen sollten wie die Bonobo-Affen alle Konflikte mit Sex lösen, konnten die Beamten allerdings nicht viel anfangen. Auch zu derartigen Veranstaltungen erschien schließlich kaum noch jemand. Der Psychiater fing daher nun von sich aus an, Kollegen anzusprechen und nach ihren Problemen zu fragen. Er konnte dabei durchaus charmant und witzig sein, und seine Analysen waren geistreich, intelligent und teilweise auch überzeugend. Eine Weile lang ging das gut. Man nahm ihn nicht wirklich ernst, empfand ihn aber eher als amüsant denn als Störenfried. Irgendwann aber war es kein Spaß mehr, denn der Psychiater wurde immer anzüglicher und grenzüberschreitender. Er brachte jedes Thema in einen sexuellen Kontext, führte jedes Problem, ja jeden kleinen Ärger, den ihm jemand mitteilte, auf sexuelle Konflikte zurück. Eine Kollegin, die sich in ihrem Gemeinschaftsbüro von den anderen gemobbt fühlte, fragte er in Anwesenheit anderer Kollegen, ob sie das so empfinden würde, weil sie als Kind offenbar sexuell missbraucht worden sei. Selbst wenn er nachvollziehbare und überzeugende Erklärungsansätze benannt haben mochte, brachte er sie eben nicht in der Art und Weise an den Mann beziehungsweise die Frau, dass sein Gegenüber es auch annehmen konnte. Zumal das Gegenüber überhaupt nicht um eine analytische Erklärung oder gar Diagnose gebeten hatte. So konnten hier einige Beamte die Erfahrung machen, die die Inhaftierten tagtäglich über sich ergehen lassen mussten, nämlich gegen ihren Willen behandelt, analysiert und diagnostiziert zu werden.

Die Gefangenen können sich beides nicht aussuchen. Das Gefängnis nicht und die Ärzte nicht. Sie müssen sich so lange behandeln lassen, wie der Arzt es für richtig hält. Aber die Beamten können es sich aussuchen. Und inzwischen ging der Psychiater insbesondere den weiblichen Bediensteten zunehmend auf die Nerven, indem er sie täglich, zum Teil mehrere Stunden, in ihren Büros aufsuchte, ausfragte, Diagnosen erstellte, Probleme sah, wo keine waren, und eben immer auf den Sex zu sprechen kam. Einige Beamtinnen wandten sich daraufhin an die Vollzugsjuristen. Diese suchten das Gespräch mit dem Psychiater. Der wies darauf hin, dass alles, was er tat, medizinisch-psychiatrisch begründet sei. Die Kolleginnen, die sich über ihn beschwerten, hätten offenkundig psychische Probleme.

Irgendwann, als immer mehr Kollegen krankheitsbedingt ausfielen und einige schon Dienstaufsichtsbeschwerden an das Ministerium gerichtet hatten, wussten sich die Juristen nicht mehr anders zu helfen, als dem Psychiater ein Hausverbot auszustellen. Beschäftigen mussten sie ihn allerdings weiterhin. Er bekam vor den Toren der Anstalt im Bereich der Dienstwohnungen für Anstaltsbedienstete ein Büro zugewiesen. Dort musste er Gutachten externer Sachverständiger über Gefangene auf ihre fachliche Stichhaltigkeit hin überprüfen. Er nahm allerdings so gut wie jedes Gutachten derart auseinander, dass die ersten externen Gutachter schon androhten, sie würden keine Gutachten für die JVA mehr machen, wenn diese dann derart unfachmännisch desavouiert würden.

Was tun, fragten sich die Juristen? Sie erstatteten schließlich Anzeige bei der Staatsanwaltschaft gegen den Psychiater wegen Nötigung, weil er einen Beamten daran gehindert hatte, mit seinem Auto den Parkplatz zu verlassen, und leiteten auch ein Disziplinarverfahren ein.

VI.

Der Psychiater meldete sich nach der Anzeige zunächst für einige Monate krank. Auch ließ er sich von einem anderen Psychiater bestätigen, dass er vor Gericht verhandlungsunfähig sei. War der Wahnsinn damit zu Ende?

Epilog

Vergeltung wollt Ihr?
So sperrt Ihr mich ein.
Schon geht's um mein Leben,
die Schuld ist nun mein.
Doch liegt es in mir,
wollt Ihr nie vergeben?

Haftrauminschrift
eines unbekannten Gefangenen

Was in uns, vor Recht,
es antreibt zur Tat,
ist gut nicht noch schlecht.
Es wird dies erst
durch Demos' Rat.

Aktenvermerk »Streng vertraulich!«
eines unbekannten
Gefängnisdirektors

Nachwort

Schuld wird in unserer Gesellschaft ungerecht und unvernünftig verteilt. Diese Verteilung erfolgt systematisch und wird zementiert durch die sozialen Kräfte aus Moral, Religion und Recht. Drumherum kommen noch hohe Mauern, Stacheldraht und bewaffnete Wächter, und fertig ist es: das Gefängnis.

Selbst wenn man einmal den instinktiven Gedanken, Straftäter seien an der Strafhaft selbst schuld und hätten diese verdient, für einen Moment beiseite schiebt und versucht, sich vorzustellen, wie es wäre, ein Jahr, zehn Jahre oder dreißig Jahre eingesperrt zu sein, kann man nicht nachempfinden, wie das Leben im Gefängnis tatsächlich ist. Und was es mit dem Menschen macht.

Außerdem: Das Gefängnis hält nicht, was es verspricht. Mehr noch, es ist dazu gar nicht in der Lage, da es von falschen Annahmen über die Ursachen schädigenden Verhaltens von Individuen und über die Möglichkeiten, dieses zu beeinflussen oder zu verhindern, ausgeht. Bei näherer Betrachtung des Gefängnisses von innen und von außen wird klar, dass es sich um ein falsches Symbol handelt. Und um ein kostspieliges. Bundesweit kosten Gefängnisse mehrere Milliarden Euro pro Jahr. Dabei sind die allgemeinen Kosten der Strafjustiz, die zu entscheiden hat, wer wann und wie lange ins Gefängnis kommt, noch nicht einmal berücksichtigt. Auch alternative Formen von Strafe oder staatlicher Konfliktlösung wären selbstredend mit Kosten verbunden, die aber sinnvoller in eine tatsächliche Begrenzung des Schadens, den Menschen sich gegenseitig zufügen, investiert wären.

Für eine Fortentwicklung unseres Strafrechts und unseres gesellschaftlichen Umgangs mit schädigendem Verhalten von Individuen ist es notwendig, dass wir uns größtmögliche Mühe geben, beide Seiten zu verstehen: das Verhalten des Einzelnen, aber auch unseren Umgang mit diesem Verhalten. Das hat nichts mit Verständnis für die Täter zu tun, noch will es das Leid kleinreden, das sie ihren Opfern zugefügt haben. Es bedeutet aber, den Blick auf die Ursachen zu richten und diese anzugehen und durch unser Strafrecht den Schaden nicht zu vergrößern, sondern zu reduzieren. Vor allem müssen wir uns bewusst machen, dass wir selbst schädlich handeln, wenn wir Gewalt fordern oder einsetzen, die über das Maß dessen hinausgeht, das erforderlich ist, um den schädlichen Einfluss Einzelner zu stoppen. Genau das passiert aber im Strafvollzug, Tag für Tag, Jahr für Jahr. Seit Jahrhunderten. Das alles geschieht, wohlgemerkt, im Namen des Volkes, also von uns allen. Der Wunsch nach Vergeltung ist menschlich, und so werden auch psychologische Mechanismen wie Angst, Lust und Aggression in unserer Definition von Schuld wirksam. Die Ursachen dieser Impulse werden auf gesellschaftlicher Ebene nicht reflektiert, sondern ins Unterbewusstsein verdrängt. Gewalt, vor allem staatliche Gewalt, muss aber immer Ultima Ratio sein, und das nicht nur auf dem Papier und in Sonntagsreden, sondern in unserem Denken.

Wir sind in Deutschland und Europa, im weltweiten Vergleich, sehr fortschrittlich, was den Umgang mit Straftätern angeht. Todesstrafe und Folter gibt es Gott sei Dank bei uns nicht mehr, und auch von den Inhaftierungsraten von Russland oder den USA sind wir weit entfernt. Die Tatsache, dass wir nicht so rückständig, unvernünftig und inhuman agieren wie andere, entbindet uns jedoch nicht von der Pflicht, Ungerechtigkeit und übermäßige sinnlose Gewalt auch bei uns weiter zu reduzieren.

Die Straftaten, die manche begangen haben, sind furchtbar, und das Leid der Betroffenen oft unermesslich und nicht heilbar. Der Impuls, den Verursacher möglichst hart zu bestrafen, ist menschlich und nachvollziehbar. Es hilft aber in aller Regel den Opfern nichts, verhindert keine künftigen Straftaten und fügt in vielen Fällen den Tätern sinnlosen Schaden zu. Letztlich haben wir alle darunter zu leiden. Denn die Haft drängt die Gefangenen häufig noch weiter an den Rand der Gesellschaft, von dem die meisten von ihnen kommen, macht sie somit noch »gefährlicher«.

Das soll, um es klar zu sagen, kein Plädoyer dafür sein, auf staatliche Zwangsmaßnahmen zu verzichten und nicht zu reagieren, wenn Individuen bestimmte Regeln brechen. Auch Abschreckung durch Strafe ergibt bis zu einem gewissen Grad Sinn. Nur sollten wir eben nicht in der Form und dem Umfang, wie wir es derzeit tun, mit dem Entzug der Freiheit reagieren. Es gibt andere, weniger schädliche, und dennoch ebenso abschreckende Möglichkeiten von Strafe. Erst recht soll dies kein Plädoyer dafür sein, Einzelne aus der Verantwortung für das, was sie anderen angetan haben, zu nehmen. Die Frage ist aber eben, wie diese Verantwortungsübernahme gesetzlich reguliert wird, um den schon verursachten Schaden möglichst weit beheben und künftigen Schaden vermeiden zu können. Vergeltung um der Vergeltung Willen macht keinen Sinn, schon gar nicht durch einen für den Betroffenen *und* die Gesellschaft nachhaltig schädlichen Freiheitsentzug. Zur Abschreckung und für eine größtmögliche Wiedergutmachung gäbe es sinnvollere Strafen, insbesondere durch einen deutlichen Ausbau von Geldstrafen und gemeinnütziger Arbeit.

Ein langfristiger Freiheitsentzug macht nur zur Sicherung der sehr wenigen hochgefährlichen Straftäter Sinn. Aber auch dieser Freiheitsentzug sollte unter menschenwürdigen Bedingungen erfolgen.

Es sind die sehr wenigen schweren Fälle, die unsere größte Aufmerksamkeit erregen und die damit über Öffentlichkeit, Medien und Politik letztlich auch den Strafvollzug prägen. Das betrifft nicht nur die Dauer und Härte der Gefängnisstrafe an sich. Auch die stärksten therapeutischen Bemühungen, die größten Ressourcen im Strafvollzug und in der Justiz allgemein werden in diese wenigen schwersten Fälle investiert. Unser gesellschaftlicher Umgang mit straffälligen Menschen ist eben nicht sehr rational, sondern angst- und wutgesteuert. Darunter zu leiden haben die vielen Gefangenen – und in der Regel auch deren völlig schuldlose Kinder, Frauen und andere Angehörige –, die übermäßig hart bestraft und nicht ausreichend unterstützt werden können.

Ich habe im Gefängnis sympathische und unsympathische Menschen kennengelernt, gute und schlechte Charaktere, mitfühlende Menschen und reine Egozentriker, wobei nicht die Gitter die jeweilige Trennlinie bildeten. Es wird ja seit jeher, und mit stetig zunehmender Tendenz, versucht, den Gefangenen sozusagen in die Seele zu sehen, ihre Psyche und ihre Persönlichkeit zu beschreiben und zu kategorisieren. Da werden dann Persönlichkeitsstörungen, psychische Krankheiten und Neurosen diagnostiziert oder fehlende Empathie und dissoziale Einstellungen festgestellt. Irgendetwas findet man bei jedem, und letztlich findet man dann auch, zumindest scheinbar, eine Bestätigung oder einen Grund dafür, warum jemand im Gefängnis ist. Das Problem an dieser Schlussfolgerung ist allerdings, dass gar nicht sicher gesagt werden kann, ob das, was man in der Psyche und der Persönlichkeit von Straftätern zu finden glaubt, sie wirklich von den Nicht-Straftätern unterscheidet. So profan es erscheint, so wenig wollen es doch viele glauben, dass man es den meisten Straftätern, wären sie nicht im Gefängnis, nicht ansehen oder anmerken würde, dass sie Straftäter sind. Natürlich gibt es, wie überall, auch hier Ausnahmen. Ein Gefangener hatte einen Stacheldraht um seinen Hals tätowiert, darunter stand: »Bitte hier abtrennen.« Ein anderer hatte dick und breit auf seinen Unterarm »Weiser arischer Wiederstand« tätowiert. Ein Gefangener, der mehrere Kinder vergewaltigt hatte, hatte einen wirklich derart eiskalten Blick, dass er einem wohl auch Angst machen würde, wenn man nicht von seinen Taten wüsste. Im Allgemeinen aber wirken die Straftäter wie du und ich. Kein Wunder, denn sie sind es meist auch.

Auch unter den Häftlingen waren nicht unbedingt diejenigen am unsympathischsten, die die schlimmsten Straftaten begangen hatten. Natürlich ist Sympathie eine sehr subjektiv gefärbte Kategorie, aber viele meiner Kollegen empfanden es ebenso. Am wenigsten sympathisch war mir persönlich ein ehemaliger Gefängnisleiter, ein Kriegsverbrecher, der zum Vollzug seiner Strafe nach Deutschland überstellt worden war. Er hatte seine dortigen Gefangenen auf schlimmste Art und Weise gequält, und viele auch umgebracht und umbringen lassen. Er sprach kein Deutsch und angeblich nur gebrochen Englisch, verlangte und bekam zu jedem wichtigeren Gespräch mit uns einen sehr teuren Dolmetscher, obwohl er uns ganz genau verstand und sich auch, wenn er es wollte, gut ausdrücken konnte. Er sprach ohnehin nur mit uns Vertretern der Anstaltsleitung, für die Beamten vor Ort hatte er nur höhnisches Grinsen und ab und zu einen herrischen Befehl übrig. Von Mitgefangenen erfuhren wir immer wieder, wie er sich mit seinen Taten brüstete und diese bis ins Detail beschrieb – das konnte er also offenbar doch auf Englisch. Er hatte große finanzielle Mittel zur Verfügung und ein Netz von Rechtsanwälten und anderen Unterstützern. Die gut bezahlten Anwälte mussten ihre Existenz irgendwie rechtfertigen und verfassten umfangreiche Schriftsätze an internationale Gerichte und Institutionen, um sich über die medizinische Behandlung, die Gefängniskost oder das Fernsehprogramm zu beschweren. Wir durften dann zu allem, ebenso umfangreich, Stellung nehmen. Im Kontakt mit ihm wurde einem die andere, positive Seite unseres Rechtssystems bewusst. Auch jemand wie er wurde anständig behandelt. Die Professionalität unseres Verhaltens wurde durch Menschen wie ihn allerdings der härtesten Prüfung unterzogen.

Was die Interessen der Inhaftierten und die Durchsetzung ihrer Rechte angeht, sind die meisten Häftlinge Einzelkämpfer. Jeder versucht, für sich das Beste herauszuholen. Interessen, die alle oder zumindest die Mehrheit der Inhaftierten teilen, können insbesondere über die Gefangenenmitverantwortung vertreten werden. Das ist ein Gremium, das sich aus von allen Häftlingen einer Anstalt gewählten Gefangenensprechern zusammensetzt. Da geht es um die Anstaltskost, Sportmöglichkeiten, das in der Anstalt zu empfangende Fernsehprogramm und Ähnliches. Richtig problematisch und in Ausnahmefällen auch gefährlich für das System Strafvollzug kann es immer dann werden, wenn sich die Gefangenen in nicht legaler Art und Weise zusammentun. Das kommt aber sehr selten vor. Die Gefangenen weigern sich dann zum Beispiel zur Durchsetzung bestimmter Forderungen kollektiv, sich nach dem Aufenthalt im Freien – als »Hofgang« bezeichnet – wieder in ihren Hafträumen einschließen zu lassen. In der Regel sind es aber Forderungen, die sich innerhalb des diskutablen Rahmens bewegen, wie mehr Ausgang für die Inhaftierten, Fernseher für alle Gefangenen, längere Hofgangzeiten und so weiter. Feste Gruppen von Gefangenen, die unabhängig von einzelnen konkreten Forderungen ihre Interessen auf nicht legalem Wege gegen die Interessen der Anstalt durchzusetzen versuchen, gibt es, von der bereits erwähnten knastinternen Russenmafia abgesehen, selten. Manchmal kommt es, je nach Bundesland, zu einer erhöhten Anzahl von Inhaftierten ausländischer Herkunft, zum Beispiel Türken oder Vietnamesen. Diese bleiben dann oft auch in der Anstalt unter sich und setzen ihre Interessen, manchmal auch illegal, gegen andere Gefangene durch. Wenn dies ersichtlich wird, kann solchen Gruppierungen aber meist relativ schnell durch eine Verlegung einzelner Mitglieder in verschiedene Anstalten das Handwerk gelegt werden. Anstaltsübergreifende und personenunabhängige Strukturen hat nach meiner Kenntnis nur die Russenmafia. Auch die rechtsradikalen Straftäter sind zwar im Einzelfall noch mit Gruppierungen außerhalb der Anstalt und zwischen den Anstalten vernetzt, häufig zeigte sich im Gefängnis jedoch, dass hinter den rechtsradikal motivierten Straftaten gar keine tiefere rechtsradikale Überzeugung steckt. Ich habe im Knast rechtsradikale Täter kennengelernt, die aus dieser Gesinnung heraus und eingebunden in ein Netz von Nazis die schlimmsten Straftaten begangen hatten. Einer hatte beispielsweise einen Obdachlosen, den er für einen Polen hielt, mit Benzin überschüttet und angezündet. Der Obdachlose starb qualvoll. In der Haft merkte der Gefangene sehr schnell, dass seine Nazikollegen ihm nur oberflächlich Halt und Identität gaben. Er wollte mit ihnen nichts mehr zu tun haben und konnte mit dem Abstand von einigen Jahren nicht fassen, einmal etwas so Furchtbares getan zu haben. Von Geschichte hatte er wenig Ahnung, er wusste noch nicht einmal genau, für oder gegen was die Nazis überhaupt waren. Nur dass sie gegen Ausländer waren, wusste er, und in seiner zum Zeitpunkt der Tat kranken Welt ging er davon aus, etwas Richtiges zu tun und Anerkennung in seiner Gruppe zu finden, indem er den Obdachlosen umbrachte. Selbst die wenigen, die in der Haft noch weiter ihr rechtes Gedankengut pflegen und damit auch immer wieder negativ auffallen – wie ein Gefangener, der während des Hofganges im Winter für alle gut sichtbar ein Hakenkreuz in den Schnee pinkelte –, haben in der Haft meist keinerlei Probleme mit Mitgefangenen verschiedenster Herkunft. Ein anstaltsübergreifendes Nazinetzwerk hinter Gittern, das systematisch den Strafvollzug oder andere Gefangene terrorisiert, gibt es jedenfalls nicht. Entsprechendes trifft auch auf Linksradikale, Islamisten und andere Gruppen zu. Das alles gilt, wohlgemerkt, so weit es mir bekannt ist. Die erfolgreichste Organisation hinter Gittern wäre die, von der wir nichts wissen.

Wenn auch weder von Einzelnen noch von Gruppen, von der Russenmafia abgesehen, eine dauerhaft hohe Gefahr für die Anstalt und die Bediensteten ausgeht, so muss man sich dennoch die Tatsache bewusst machen, dass man fast niemandem in vollem Umfang das glauben kann, was er sagt. Der Spruch »Der Ehrliche ist der Dumme« trifft im Knast leider oft zu. Der Gefangene zum Beispiel, der, in welchem Kontext auch immer, ehrlich sagt, dass er natürlich ab und zu an Flucht denke, hat schlechte Karten. Er bekommt in aller Regel den Aktenvermerk »Fluchtgefahr«, der eine Vielzahl von Einschränkungen für ihn zur Folge hat.

Da das System Strafvollzug eine gewisse Ablehnungskultur mit sich bringt in dem Sinne, dass fast alles, was die Gefangenen beantragen, erst einmal abgelehnt und oft erst dann genehmigt wird, wenn ein Gericht die Anstalt dazu verpflichtet, sehen sich zudem viele Inhaftierte genötigt, mit falschen Angaben das zu erreichen, worauf sie, bei Lichte besehen, einen legitimen Anspruch haben. Unter den Strafvollzugsbeamten verhalten sich bei solchen Ablehnungen nur wenige so, weil sie Arbeit vermeiden oder die Gefangenen »klein halten« wollen. Eher spielt eine Rolle, dass beispielsweise jeder genehmigte Gegenstand irgendwann einmal von irgendeinem Gefangenen zu illegalen Zwecken missbraucht wird. Wenn etwa von hunderten genehmigter elektrischer Rasierapparate einer zu einer Tätowiermaschine umfunktioniert wird – mit der zahlreiche Gefangene mit der gleichen Nadel tätowiert werden –, kommt schnell die grundsätzliche Frage auf, wie man denn bloß Rasierapparate genehmigen konnte.

Die Ablehnungskultur gründet somit auf systemimmanenten Mechanismen und ruft eine Lügenkultur hervor. Wenn ein Gefangener also beispielsweise einen CD-Spieler haben wollte, dann wäre er gut beraten, das nicht damit zu begründen, Musik hören zu wollen, sondern damit, dass er CDs zum Sprachen Lernen benötige. Die Lüge macht einen in einem solchen System also noch nicht zu einem schlechten Menschen.

Wie überall, so prägen allerdings auch im Gefängnis nicht diejenigen das Bild nach innen und außen, die sich sozusagen normgemäß verhalten, sondern die anderen.

Ähnlich ist es mit den extrem seltenen Ausbrüchen von Gefangenen. Wenn einmal ein solcher Ausbruch gelingt, ist es jedes Mal ein riesiger Skandal, oft muss dann irgendein Kopf rollen, bis hin zu dem des Justizministers. Ich persönlich habe in all den Jahren nur einen Ausbruch miterlebt. Ein Gefangener war in einem Haftraum untergebracht, dessen Fenster direkt zur Straße außerhalb der Anstalt lag. Es gab vor diesem Haftraum also keine Mauer und keinen Stacheldraht zur Verhinderung einer Flucht, lediglich das vergitterte Fenster. Der Gefangene hat dann, ganz klassisch, in mühevoller Nachtarbeit die Gitterstäbe durchsägt.

Ab und zu, aber insgesamt auch sehr selten, kommt es vor, dass Gefangene, die sich mit Erlaubnis – etwa im Rahmen eines Ausgangs – außerhalb der Anstalt aufhalten, nicht zurückkommen. Das sind Gefangene, bei denen die Anstalt das Risiko von Straftaten als vertretbar gering eingeschätzt hat und die meist in absehbarer Zeit entlassen werden sollten. Jeder dieser Nichtrückkehrer ist bislang kurze Zeit später von der Polizei festgenommen und zurück in die Anstalt gebracht worden oder hat sich selbst wieder gestellt.

Gerade in der JVA Straubing konnte ich hautnah miterleben, wie groß das Medieninteresse an bestimmten Straftaten und Straftätern war und wie sich oft bei näherer Kenntnis des Falles ein ganz anderes Bild von Tat und Täter ergab als das, das in den Medien gezeichnet wurde. Presse und Öffentlichkeit waren besonders interessiert, wenn der Geschädigte prominent war, wie etwa der Modemacher Rudolph Moshammer, dessen Mörder in Straubing inhaftiert wurde. Die Medien stürzten sich auch auf Fälle, bei denen die Umstände der Tat besonders grausam waren, wie bei dem Inhaftierten, dessen Vater ihm bei der Entsorgung von Leichenteilen entlang der Autobahn half, oder dem jungen Mann, der mit einer Totenmaske aus dem Horrorfilm »Scream« nachts in ein Haus einstieg und ein zwölfjähriges Mädchen mit einem Küchenmesser ermordete. Im Boulevard wurde der Täter als »Totenkopf-Killer« bezeichnet. Oder der Transportunternehmer (der »Todesschütze von Dachau«), der im Gericht aus Hass auf die Justiz einen jungen Staatsanwalt erschossen hatte und danach den Richter töten wollte. Ein gesteigertes Interesse von Medien und Öffentlichkeit hat aber noch nie dazu geführt, dass sich das Strafrecht grundsätzlich in eine sinnvolle Richtung weiterentwickelt hätte. Das Interesse macht eben weitgehend an der Oberfläche halt. Zum Beispiel hätte man bei der Entlassung des sogenannten »Mittagsmörders« (er hatte fünf Menschen immer um die Mittagszeit herum getötet) nach etwa fünfzig (sic!) Jahren aus der JVA Straubing durchaus auch auf einer massenmedialen Ebene die Frage thematisieren können, was das denn für einen Sinn haben soll. Durch fünfzig Jahre Knast soll jemand auf ein strafloses Leben in Freiheit vorbereitet werden?

Im Mittelpunkt dieses Buches stehen die Gefangenen, ihre Biografien, ihre Straftaten und ihr Leben im Gefängnis. Die allermeisten von ihnen sind nicht so, wie man sich wohl einen Straftäter, geprägt durch Medien oder Krimis, vorstellt. Die wenigsten haben jemanden umgebracht, vergewaltigt oder finanziell in den Ruin getrieben. Es sind meist Menschen mit einer sehr schwierigen Kindheit, viele mit Heimerfahrung, mit Suchtproblemen und mit geringer Qualifikation. Die meisten Straftäter begehen eher kleinere Delikte, die sich irgendwann zu einer Haftstrafe summieren, und wer einmal auf dieser Schiene gelandet ist, kommt schwer wieder auf eine andere. Es sind Menschen wie der junge Mann, dem ich das Zeugnis für seinen erfolgreich absolvierten Hauptschulabschluss in Haft aushändigen durfte. Ein hochintelligenter, sehr sensibler Mensch, der vor seinem prügelnden Vater und der drogensüchtigen Mutter fliehen musste und ab seinem vierzehnten Lebensjahr auf der Straße gelebt hatte. Noch nach Jahren im Gefängnis hatte man das Gefühl, ihm die Kälte anzusehen, die ihm in Mark und Bein gekrochen war. Er hatte große Scheu vor anderen Menschen und hatte sie nur hin und wieder aufgesucht, um sich das Geld zu verdienen oder zu holen, das er zum Leben brauchte. Zwei- oder dreimal monatlich hatte er sich älteren Herren im Bereich des Bahnhofs für sexuelle Handlungen angeboten. Das so verdiente Geld reichte ihm meist zum Leben. Ab und zu hatte er auch etwas aus Supermärkten oder Kaufhäusern geklaut. Im Gefängnis verbüßte er eine mehrjährige Haftstrafe wegen gefährlicher Körperverletzung und versuchten Totschlags. Er hatte einem älteren Herrn, den er auf der Bahnhofstoilette für 20 Euro mit der Hand befriedigte, eine fast volle Bierflasche mit großer Wucht auf den Kopf geschlagen. Vor Gericht hatte er ausgesagt, er habe sich gewehrt, weil der Mann ihn zu anderen sexuellen Handlungen drängen wollte. Der Geschädigte, der mehrere Monate brauchte, um sich von der schweren Kopfverletzung zu erholen, hatte dagegen ausgesagt, der junge Mann habe von ihm mehr Geld gefordert und, als er ihm das nicht gegeben hätte, unvermittelt zugeschlagen. Das Gericht glaubte dem älteren Herrn, und folgte auch der Behauptung des Staatsanwaltes, der Täter hätte mit dem Schlag den möglichen Tod des Opfers billigend in Kauf genommen. So kam er also ins Gefängnis und holte mit diesem äußerst prekären sozialen Hintergrund und unter den in vielerlei Hinsicht schwierigen Bedingungen der Haft seine schulische Ausbildung nach. Dennoch bleibt er ein Straftäter mit Hauptschulabschluss, auf den ein Großteil der Gesellschaft herabsieht.

In diesem Buch entspricht das Verhältnis der Geschichten, die sich mit den »schweren Fällen« beschäftigen, zu denen, die eher Kurzstrafige betreffen, nicht dem Verhältnis in der Realität. Zum einen hängt das mit meiner beruflichen Sozialisation zusammen. In meiner ersten Station, der JVA Amberg, von 2001 bis 2007, waren vor allem Gefangene mit mehrjährigen Haftstrafen, einige wenige sogar mit lebenslangen Freiheitsstrafen, untergebracht. Auch befand sich dort eine der ersten sozialtherapeutischen Abteilungen für schwere Sexualstraftäter. Die für die nächsten sieben Jahre folgende Station, die JVA Straubing, war und ist die Anstalt in Bayern, die vor allem für den Vollzug von langen und lebenslangen Freiheitsstrafen sowie die Sicherungsverwahrung zuständig ist. In beiden Anstalten waren auch viele Kurzstrafige inhaftiert, aber den Alltag prägten meist die anderen. Als Leiter der JVA Zeithain in Sachsen, in der Freiheitsstrafen bis zu fünf Jahren vollzogen werden, die Gefangenen aber im Durchschnitt zwischen ein und zwei Jahren verbüßen müssen, konnte ich schließlich auch diese doch andere »Klientel« und den Umgang mit ihr näher kennenlernen. In der von mir ein gutes halbes Jahr zusätzlich geleiteten JVA Torgau schließlich werden vor allem lange und lebenslange Haftstrafen vollzogen.

In der Arbeit mit diesen langjährigen Häftlingen haben sich also bei mir die meisten Geschichten »angesammelt«. Hinzu kommt, dass sich die Geschichten der

Menschen, die zu kurzen Haftstrafen verurteilt worden sind, oft gleichen. Sie kommen meist aus ähnlichen Verhältnissen und haben vergleichbare »Karrieren« durchlaufen, bis sie am Ende im Gefängnis gelandet sind. Und schlussendlich kann vielleicht gerade anhand der Geschichten von Menschen, die außergewöhnlich Schlimmes getan haben, gezeigt werden, dass unsere Kategorien von Schuld und Vergeltung nicht geeignet sind, die soziale Wirklichkeit wiederzugeben, und noch weniger, sie zu gestalten.

Wenn hier im Rahmen der einzelnen Geschichten das Gefängnis als Institution kritisiert wird, dann soll doch ausdrücklich klargestellt werden, dass es nicht um Kritik an den Personen geht, die im beziehungsweise für den Strafvollzug und die Justiz allgemein arbeiten. Ich habe in allen Funktionen und hierarchischen Ebenen, bis hinauf zum Ministerium, engagierte und kompetente Kolleginnen und Kollegen kennengelernt.

Wenn man etwa an die Anstalten Straubing oder Torgau denkt, mit ihren über hundert Jahre alten düsteren Hafthäusern, in die das Sonnenlicht kaum Zugang findet, und in denen einige hundert Menschen untergebracht sind, die viele Jahre und Jahrzehnte dort verbringen müssen, dann kann man nur seinen Hut ziehen vor den Menschen, die dort, teilweise in zwölf aufeinanderfolgenden Schichten, bei Tag und bei Nacht ihren Dienst leisten. Kollegen, die zum Teil alleine für hundert und mehr Gefangene zuständig sind. Kollegen, die sich um Inhaftierte kümmern, von denen sich die Frau getrennt hat und die sich umbringen wollen, weil sie keine Aussicht in ihrem Leben sehen, außer der, weitere zehn Jahre in Haft verbringen zu müssen. Kollegen, die sich von psychisch kranken oder chronisch aggressiven Gefangenen zum hundertsten Male beleidigen oder bedrohen lassen müssen. Kollegen, die mit viel Aufwand zum großen Teil absurde, aber vor Gericht haltbare Begründungen dafür schreiben müssen, warum den Gefangenen mal wieder etwas abzuschlagen war, weil das von oben so vorgegeben wurde. Irgendwann entscheiden die Gerichte fast immer, dass den Gefangenen bestimmte Gegenstände ausgehändigt oder bestimmte Außenkontakte gewährt werden müssen.

Noch in den achtziger und neunziger Jahren hatten die Gefangenen zum Beispiel kein Recht, einen eigenen Fernseher in Besitz zu haben. Das wurde dann über Jahre, ja Jahrzehnte, in zahlreichen gerichtlichen Verfahren vom Strafvollzug vertreten, bis es irgendwann nicht mehr haltbar war. Nun befindet sich in jedem Haftraum ein Fernseher. Ähnliches galt für Schreibmaschinen, bei denen zur Korrekturmöglichkeit ein oder zwei Zeilen gespeichert werden können. Hier mussten wir jahrelang gegenüber den Gerichten argumentieren, dass diese Schreibmaschinen aus Sicherheitsgründen nicht zu genehmigen seien, weil so unerlaubt Nachrichten ausgetauscht werden könnten. Irgendwann waren dann aber gar keine anderen Schreibmaschinen mehr käuflich. Oder Fernsehsender wie VIVA, bei denen Zuschauer über ein durchs Bild laufendes Banner Grüße an ihre Freunde senden können. Der Empfang solcher Sender war verboten, denn so könnten Außenstehende unerlaubt Kontakt mit Inhaftierten aufnehmen. (»Servus Sepp in der JVA, könntest Du Dich bitte heute Nachmittag im Hof bereithalten, ich würde mit dem Hubschrauber kommen, Dich zu befreien.«) Eines Tages werden auch Handys in der Anstalt zugelassen werden müssen, und das Internet ohnehin. Bis es so weit ist, müssen aber qualifizierte Leute in den Anstalten, bei den Gerichten und unter den Inhaftierten und ihren rechtlichen

Vertretern jahrelange aufwendige Rechtsstreitigkeiten durchführen.

Auch an solchen Beispielen lässt sich zeigen, wie sehr der Strafvollzug seiner Zeit hinterherhinkt. Mein Respekt gilt all den Kollegen, die das sehen und verstehen und dennoch nicht zynisch werden, sondern immer wieder versuchen, in einem System der Unvernunft die Stimme der Vernunft und auch der Menschlichkeit zu erheben. Mein Respekt gilt Kollegen, die in ihrer Freizeit in die Anstalt kommen, um eine Schachgruppe für Gefangene zu leiten. Kollegen, die am Tag dutzende ablehnende Entscheidungen mitteilen müssen, die sie selbst nicht getroffen haben, dafür aber die Frustration der Gefangenen abbekommen, und die am Ende eines harten Arbeitstages noch seitenweise Stellungnahmen für Anstaltsleitung, Ministerium, Anwälte und andere schreiben müssen, um sich für alles zu rechtfertigen, was sie getan und nicht getan haben. Kollegen in Anstaltsleitungen und Ministerien, die politischen Druck zugunsten einer sinnvollen Sachbehandlung aushalten. Uniformierte Kollegen, die in den Medien verächtlich als Wärter bezeichnet werden. Menschen, die unmittelbare Verantwortung für andere übernehmen. Respekt auch für den sächsischen Justizvollzug, der mit sucht-, kreativ-, garten- und sporttherapeutischen Maßnahmen, mit tiergestützten Angeboten oder mit der Etablierung einer aktiven Öffentlichkeitsarbeit für eine größere Transparenz des Lebens hinter Gittern immer neue Wege sucht, den Vollzug so sinnvoll wie möglich zu gestalten. Und das alles, ohne erst vom Bundesverfassungsgericht und anderen Gerichten dazu verpflichtet werden zu müssen.

Und, zu guter Letzt, muss man das, was man für Straftäter einfordert, nämlich die Ursachen für ihr Verhalten nicht in ihnen allein, sondern auch im sozialen

Kontext zu verorten, auch uns Bediensteten im Gefängnis zugestehen. Kaum jemand hatte von jeher den Berufswunsch, im Gefängnis zu arbeiten. Die allermeisten tun es, weil es ein sicherer und gut bezahlter Job ist. Unsere Gesellschaft lässt sich ihr Sicherheits- und Gerechtigkeitsgefühl einiges kosten. Dafür aber trifft uns, die wir damit unser Geld verdienen, die Pflicht, die Allgemeinheit nicht in falscher Sicherheit zu wiegen. Der Vollzug von Strafe ist kein Theater zur Beruhigung und Befriedigung der Massen, sondern bitterer Ernst.

FSC
www.fsc.org
MIX
Papier aus verantwortungsvollen Quellen
FSC® C014496

ISBN 978-3-360-01307-1

Umschlaggestaltung: Verlag, unter Verwendung eines Motivs von Bigstock
Druck und Bindung: GGP Media GmbH, Pößneck

Die Bücher des Verlags Das Neue Berlin erscheinen in der Eulenspiegel Verlagsgruppe.

www.eulenspiegel.com